書名：手相學淺說
系列：心一堂術數珍本古籍叢刊　相術類
作者：〔民國〕黃龍

主編、責任編輯：陳劍聰
心一堂術數珍本古籍叢刊編校小組：陳劍聰　素聞　梁松盛　鄒偉才　虛白盧主

出版：心一堂有限公司
地址／門市：香港九龍尖沙咀東麼地道六十三號好時中心LG 六十一室
電話號碼：+852-6715-0840
網址：www.sunyata.cc
電郵：sunyatabook@gmail.com
網上書店：http://book.sunyata.cc
網上論壇：http://bbs.sunyata.cc/

版次：二零一三年十月初版
平裝

定價：港幣　九十八元正
人民幣　九十八元正
新台幣　三百八十元正

國際書號：ISBN 978-988-8266-12-8

香港及海外發行：香港聯合書刊物流有限公司
地址：香港新界大埔汀麗路三十六號中華商務印刷大廈三樓
電話號碼：+852-2150-2100
傳真號碼：+852-2407-3062
電郵：info@suplogistics.com.hk

台灣發行：秀威資訊科技股份有限公司
地址：台灣台北市內湖區瑞光路七十六巷六十五號一樓
電話號碼：+886-2-2796-3638
傳真號碼：+886-2-2796-1377
網路書店：www.govbooks.com.tw
www.bodbooks.com.tw
經銷：易可數位行銷股份有限公司
地址：台灣新北市新店區寶橋路二三五巷六弄三號五樓
電話號碼：+886-2-8911-0825
傳真號碼：+886-2-8911-0801
email：book-info@ecorebooks.com
易可部落格：http://ecorebooks.pixnet.net/blog

中國大陸發行・零售：心一堂書店
深圳地址：中國深圳羅湖立新路六號東門博雅負一層零零八號
電話號碼：+86-755-8222-4934
北京地址：中國北京東城區雍和宮大街四十號
心一店淘寶網：http://sunyatacc.taobao.com

心一堂術數古籍珍本叢刊 總序

術數定義

術數，大概可謂以「推算、推演人（個人、群體、國家等）、事、物、自然現象、時間、空間方位等規律及氣數，並或通過種種『方術』，從而達致趨吉避凶或某種特定目的」之知識體系和方法。

術數類別

我國術數的內容類別，歷代不盡相同，例如《漢書・藝文志》中載，漢代術數有六類：天文、曆譜、無行、蓍龜、雜占、形法。至清代《四庫全書》，術數類則有：數學、占候、相宅相墓、占卜、命書、相書、陰陽五行、雜技術等，其他如《後漢書・方術部》、《藝文類聚・方術部》、《太平御覽・方術部》等，對於術數的分類，皆有差異。古代多把天文、曆譜、及部份數學均歸入術數類，而民間流行亦視傳統醫學作為術數的一環；此外，有些術數與宗教中的方術亦往往難以分開。現代學界則常將各種術數歸納為五大類別：命、卜、相、醫、山，通稱「五術」。

本叢刊在《四庫全書》的分類基礎上，將術數分為九大類別：占筮、星命、相術、堪輿、選擇、三式、讖緯、理數（陰陽五行）、雜術。而未收天文、曆譜、算術、宗教方術、醫學。

術數思想與發展—從術到學，乃至合道

我國術數是由上古的占星、卜著、形法等術發展下來的。其中卜著之術，是歷經夏商周三代而通過「龜卜、蓍筮」得出卜（卦）辭的一種預測（吉凶成敗）術，之後歸納並結集成書，此即現傳之《易經》。經過春秋戰國至秦漢之際，受到當時諸子百家的影響、儒家的推崇，遂有《易傳》等的出現，原本是卜著術書的《易經》，被提升及解讀成有包涵「天地之道（理）」之學。因此，《易・繫辭傳》曰：「易與天地準，故能彌綸天地之道。」

漢代以後，易學中的陰陽學說，與五行、九宮、干支、氣運、災變、律曆、卦氣、讖緯、天人感應說等相結

合，形成易學中象數系統。而其他原與《易經》本來沒有關係的術數，如占星、形法、選擇，亦漸漸以易理（象數學說）為依歸。《四庫全書・易類小序》云：「術數之興，多在秦漢以後。要其旨，不出乎陰陽五行，生尅制化。實皆《易》之支派，傅以雜說耳。」至此，術數可謂已由「術」發展成「學」。

及至宋代，術數理論與理學中的河圖洛書、太極圖、邵雍先天之學及皇極經世等學說給合，通過術數以演繹理學中「天地中有一太極，萬物中各有一太極」（《朱子語類》）的思想。術數理論不單已發展至十分成熟，而且也從其學理中衍生一些新的方法或理論，如《梅花易數》、《河洛理數》等。

在傳統上，術數功能往往不止於僅僅作為趨吉避凶的方術，及「能彌綸天地之道」的學問，亦有其「修心養性」的功能，「與道合一」（修道）的內涵。《素問・上古天真論》：「上古之人，其知道者，法於陰陽，和於術數。」數之意義，不單是外在的算數、歷數、氣數，而是與理學中同等的「道」、「理」—心性的功能，北宋理氣家邵雍對此多有發揮：「聖人之心，是亦數也」、「萬化萬事生乎心」、「心為太極」。《觀物外篇》：「先天之學，心法也。…蓋天地萬物之理，盡在其中矣，心一而不分，則能應萬物。」反過來說，宋代的術數理論，受到當時理學、佛道及宋易影響，認為心性本質上是等同天地之太極。天地萬物氣數規律，能通過內觀自心而有所感知，即是內心也已具備有術數的推演及預測、感知能力；相傳是邵雍所創之《梅花易數》，便是在這樣的背景下誕生。

《易・文言傳》已有「積善之家，必有餘慶；積不善之家，必有餘殃」之說，至漢代流行的災變說及讖緯說，我國數千年來都認為天災，異常天象（自然現象），皆與一國或一地的施政者失德有關；下至家族、個人之盛衰，也都與一族一人之德行修養有關。因此，我國術數中除了吉凶盛衰理數之外，人心的德行修養，也是趨吉避凶的一個關鍵因素。

術數與宗教、修道

在這種思想之下，我國術數不單只是附屬於巫術或宗教行為的方術，又往往已是一種宗教的修煉手段—通過術數，以知陰陽，乃至合陰陽（道）。「其知道者，法於陰陽，和於術數。」例如，「奇門遁甲」術中，即分為「術奇門」與「法奇門」兩大類。「法奇門」中有大量道教中符籙、手印、存想、內煉的內容，是道教內丹外法的一種重要外法修煉體系。甚至在雷法一系的修煉上，亦大量應用了術數內容。此外，相術、堪輿術中也有修煉望氣色的方法；堪輿家除了選擇陰陽宅之吉凶外，也有道教中選擇適合修道環境（法、財、侶、地中的地）的方法，以至通過堪輿術觀察天地山川陰陽之氣，亦成為領悟陰陽金丹大道的一途。

易學體系以外的術數與的少數民族的術數

我國術數中，也有不用或不全用易理作為其理論依據的，如楊雄的《太玄》、司馬光的《潛虛》。也有一些占卜法、雜術不屬於《易經》系統，不過對後世影響較少而已。

外來宗教及少數民族中也有不少雖受漢文化影響（如陰陽、五行、二十八宿等學說）但仍自成系統的術數，如古代的西夏、突厥、吐魯番等占卜及星占術，藏族中有多種藏傳佛教占卜術、苯教占卜術、擇吉術、推命術、相術等；北方少數民族有薩滿教占卜術；不少少數民族如水族、白族、布朗族、佤族、彝族、苗族等，皆有占雞（卦）草卜、雞蛋卜等術，納西族的占星術、占卜術，彝族畢摩的推命術、占卜術…等等，都是屬於《易經》體系以外的術數。相對上，外國傳入的術數以及其理論，對我國術數影響更大。

曆法、推步術與外來術數的影響

我國的術數與曆法的關係非常緊密。早期的術數中，很多是利用星宿或星宿組合的位置（如某星在某州或某宮某度）付予某種吉凶意義，并據之以推演，例如歲星（木星）、月將（某月太陽所躔之宮次）等。不過，由於不同的古代曆法推步的誤差及歲差的問題，若干年後，其術數所用之星辰的位置，已與真實星辰的位置不一樣了；此如歲星（木星），早期的曆法及術數以十二年為一周期（以應地支），與木星真實周期十一點八六年，每幾十年便錯一宮。後來術家又設一「太歲」的假想星體來解決，是歲星運行的相反，週期亦剛好是十二年。而術數中的神煞，很多即是根據太歲的位置而定。又如六壬術中的「月將」，原是立春節氣後太陽躔娵訾之次而稱作「登明亥將」，至宋代，因歲差的關係，要到雨水節氣後太陽才躔娵訾之次，當時沈括提出了修正，但明清時六壬術中「月將」仍然沿用宋代沈括修正的起法沒有再修正。

由於以真實星象周期的推步術是非常繁複，而且古代星象推步術本身亦有不少誤差，大多數術數除依曆書保留了太陽（節氣）、太陰（月相）的簡單宮次計算外，漸漸形成根據干支、日月等的各自起例，以起出其他具有不同含義的眾多假想星象及神煞系統。唐宋以後，我國絕大部份術數都主要沿用這一系統，也出現了不少完全脫離真實星象的術數，如《子平術》、《紫微斗數》、《鐵版神數》等。後來就連一些利用真實星辰位置的術數，如《七政四餘術》及 選擇法中的《天星選擇》，也已與假想星象及神煞混合而使用了。

隨着古代外國曆（推步）、術數的傳入，如唐代傳入的印度曆法及術數，元代傳入的回回曆等，其中我國占星術便吸收了印度占星術中羅睺星、計都星等而形成四餘星，又通過阿拉伯占星術而吸收了其中來自希臘、巴比倫占星術的黃道十二宮、四元素學說（地、水、火、風），並與我國傳統的二十八宿、五行說、神煞系統並存而形成《七政四餘術》。此外，一些術數中的北斗星名，不用我國傳統的星名：天樞、天璿、天璣、天權、玉衡、開陽、搖光，而是使用來自印度梵文所譯的：貪狼、巨門、祿存、文曲，廉貞、武曲、破軍等，此明顯是受到唐代從印度傳入的曆法及占星術所影響。如星命術的《紫微斗數》及堪輿術的《撼龍經》等文獻中，其星皆用印度譯名。及至清初《時憲曆》，置潤之法則改用西法「定氣」。清代以後的術數，又作過不少的調整。

術數在古代社會及外國的影響

術數在古代社會中一直扮演着一個非常重要的角色，影響層面不單只是某一階層、某一職業、某一年齡的人，而是上自帝王，下至普通百姓，從出生到死亡，不論是生活上的小事如洗髮、出行等，大事如建房、入伙、出兵等，從個人、家族以至國家，從天文、氣象、地理到人事、軍事，從民俗、學術到宗教，都離不開術數的應用。如古代政府的中欽天監（司天監），除了負責天文、曆法、輿地之外，亦精通其他如星占、選擇、堪輿等術數，除在皇室人員及朝庭中應用外，也定期頒行日書、修定術數，使民間對於天文、日曆用事吉凶及使用其他術數時，有所依從。

在古代，我國的漢族術數，甚至影響遍及西夏、突厥、吐蕃、阿拉伯、印度、東南亞諸國、朝鮮、日本、越南等地，其中朝鮮、日本、越南等國，一至到了民國時期，仍然沿用着我國的多種術數。

術數研究

術數在我國古代社會雖然影響深遠，「是傳統中國理念中的一門科學，從傳統的陰陽、五行、九宮、八卦、河圖、洛書等觀念作大自然的研究。……傳統中國的天文學、數學、煉丹術等，要到上世紀中葉始受世界學者肯定。可是，術數還未受到應得的注意。術數在傳統中國科技史、思想史，文化史、社會史，甚至軍事史都有一定的影響。……更進一步了解術數，我們將更能了解中國歷史的全貌。」（何丙郁《術數、天文與醫學 中國科技史的新視野》，香港城市大學中國文化中心。）

可是術數至今一直不受正統學界所重視，加上術家藏秘自珍，又揚言天機不可洩漏，「（術數）乃吾國科學與哲學融貫而成一種學說，數千年來傳衍嬗變，或隱或現，全賴一二有心人為之繼續維繫，賴以不絕，其中確有學術上研究之價值，非徒癡人說夢，荒誕不經之謂也。其所以至今不能在科學中成立一種地位者，實有數困。蓋古代士大夫階級目醫卜星相為九流之學，多恥道之；而發明諸大師又故為惝恍迷離之辭，以待後人探索；間有一二賢者有所發明，亦秘莫如深，既恐洩天地之秘，複恐譏為旁門左道，始終不肯公開研究，成立一有系統說明之書籍，貽之後世。故居今日而欲研究此種學術，實一極困難之事。」（民國徐樂吾《子平真詮評註》，方重審序）

現存的術數古籍，除極少數是唐、宋、元的版本外，絕大多數是明、清兩代的版本。其內容也主要是明、清兩代流行的術數，唐宋以前的術數及其書籍，大部份均已失傳，只能從史料記載、出土文獻、敦煌遺書中稍窺一鱗半爪。

術數版本

坊間術數古籍版本，大多是晚清書坊之翻刻本及民國書賈之重排本，其中豕亥魚魯，或而任意增刪，往往文意全非，以至不能卒讀。現今不論是術數愛好者，還是民俗、史學、社會、文化、版本等學術研究者，要想得一常見術數書籍的善本、原版，已經非常困難，更遑論稿本、鈔本、孤本。在文獻不足及缺乏善本的情況下，要想對術數的源流、理法、及其影響，作全面深入的研究，幾不可能。

有見及此，本叢刊編校小組經多年努力及多方協助，在中國、韓國、日本等地區搜羅了一九四九年以前漢文為主的術數類善本、珍本、鈔本、孤本、稿本、批校本等千餘種，精選出其中最佳版本，以最新數碼技術清理、修復版面，更正明顯的錯訛，部份善本更以原色精印，務求更勝原本，以饗讀者。不過，限於編校小組的水平，版本選擇及考證、文字修正、提要內容等方面，恐有疏漏及舛誤之處，懇請方家不吝指正。

心一堂術數古籍珍本叢刊編校小組

二零零九年七月

阿清手相專家著

手相淺說

乙酉五月吳湖帆題

○馮序

相術之于我國。其流傳既久且廣。唯關於手相。僅有殘片只字。用以參酌。未有專論。然按諸泰西。此道固久已風行。吳郡黃龍先生『別字阿清』深邃此道。專論手相。於我國亦可謂開手相學之新紀元。而又不自珍祕。著書以供同好。足證於斯道。有眞實之興趣。當不愧爲一研究之專家也。其實人之所以靈於萬物者。除腦經發達之外。尙有雙手故耳。腦之所感。必寓之於手而後乃成文化。使人僅有超越之腦力。而無能幹之雙手。則文化且將息滅矣。蓋若美術著述諸學。以及一般裁縫工匠等實行家。莫非雙手是賴。溯之先聖明哲之論。所以能流傳久遠者。亦唯手之功耳。手於人類。既有若是之重要。則當有其研究之價值。且夫手之有紋。猶木之有理也。按之科學。亦何嘗不然。如察掌心之色彩。足以定人血氣之衰旺。體力之强弱。西諺有云。『聰明之思想寓于健全之身魄。』蓋人之事業。與其體力之升降。精神之增減。有極大關係。語云『一分精神一分事業。』非無因也。是以體力充沛腦力健全者。其事業自不難出人頭地。故察手以論命運。實有科學推理之根據。其他如掌形掌紋諸論。雖不可謂俱出乎科學之理。然如某類手形或手紋之人。利於從事某類事業。固亦出之於歸納推理法上有系統之研究。必非偶然杜撰之舉也。然則阿清先生之所以孜孜於斯道者。當亦有其所以乎。

民國三十四年夏馮超然記于滌舸。

○自序

鄙人對于人生哲學。素感興趣。曩時購讀歐西手相學書籍。讀之頗有條理。大約因性近之故。竟感極度興趣。偶而根據書載原則。爲人談相。雖有時相差甚遠。然亦頗多中的。迄今已歷二十餘年。興趣未稍略減。積歷年觀察所得。愈覺頗有研究價值。惟究屬個人嗜好。每多成見。加以知易行難。稍一忽略。未免涉及狂妄之嫌。骨梗在喉。以一吐爲快。茲敢將歷來經驗心得。擇其確切證實者。圖解識明。砌積成卷。惟自恨生性散漫。知識淺膚。寫作難成統系。意義未免失之精確。可謂一知半解。坐井談天。願同好之士。各有供獻。並不惜珠玉。加以指導。則得益豈獨個人。亦掌紋學發揚光大於有賴焉。

手相學淺說 五

〇手相學淺說目錄

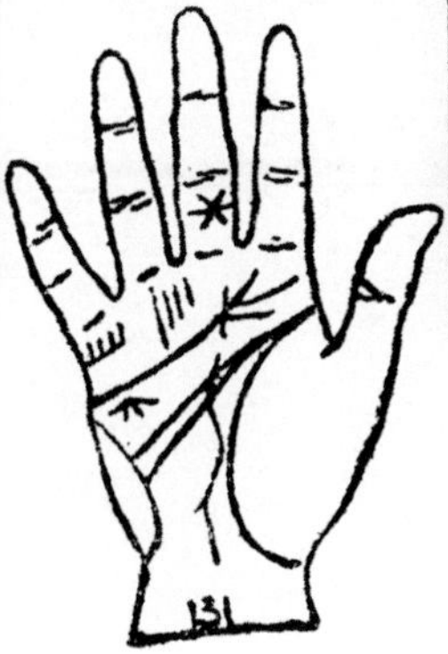

格言

自求多福手形掌紋能顯示其本人之個性特點人而有自知之明誠屬一大幸事

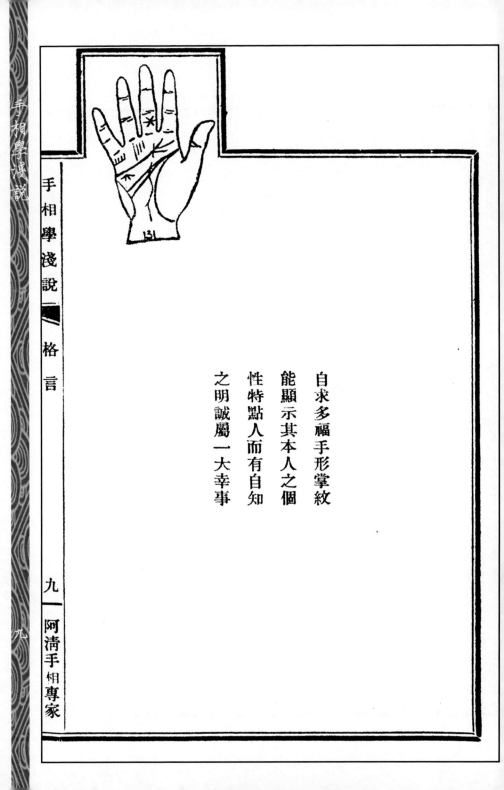

明示

樊樹德

○手相學淺說

阿清編著

研究人類的習性。是比較研究任何學識爲有趣味。因爲人類的習性與吾們自身最有直接關係。吾們的一切一切。多被習性所影響。是毫無疑義的。倘然吾們有了相當的研究。吾們就能夠得到知己知彼的方法。人而確能知己知彼。自屬一大樂事。

醫學家說。生長在都市的人。就容易患複雜的都市疾病。都市中的罪犯。就比鄉村上的罪犯來得高明。以之而觀察古往今來之人物。其理亦然。吾們都明白。學術是時時刻刻在進化的路程中。物質的維新。更是日新月異。吾人現在所見所用所思之一切環境物質。較之昔人之所見所用所思。自不能同日而語。潛移默化。環境支配一切。理之然也。所以吾人現在之思想習性。亦因之而異。倘吾人能對於人類習性之變遷。加以研究。自能使吾人對於自身。有進一步的瞭解。豈但是尋常遊嬉問題。實亦處世交友。所必不可少者。

梅蘭芳之何以能因藝術而成名。袁世凱何以能操縱一時政治上之威權。推因及果。決非偶然。原因者。即彼等之內心腦力。必有其獨特勝人之處。依照『有動於中必形於外』的原理。則彼等內心之特殊之處。必有形於外表。常人不察耳。外表是內心的代表。識者察其外表。不難推而知其內心。內心者何。是立命之根。外表者則盡在手形掌紋之中。

腦爲人身一切之主宰。『手』爲執行腦經意志之主要工具。關係之密切。自不待言。要知思想之表現。全恃行爲方克成功。其由思想而達於行爲者。則全恃神經作用。爲之居間傳達。其理至爲明顯。腦係握神經之總樞。而滿佈於全身。據解剖學之發現。其集中於手掌中神經。較之任何其他部份爲多。要亦因手之職責之重耳。就式樣方面講。手之式樣。又較任何部份爲靈活。造化萬能。自然而然。乃所以予以執行職務之便利耳。

世人對於每個人的將來命運如何。往往寄以深切欲望。欲知將來。人情之常。於是到處求卜問相。俾能一明將來遷命之究竟如何。殊不知人自出生以來。關於其一生之習性。富貴．壽夭．及其一切運命遭遇。均已明註於手掌之中。造物愛人。使每個人均有觀察自知之機會。俾資趨避。惜乎此道不傳久矣。圓顱方趾。萬物之靈。不能反躬自問。而反求之於人。良爲可惜。

目今市上談相。普通均以面部着眼。殊不知人事萬千。技巧百出。剪修粉飾。面表之清．濁．喜．怒．等等。未必是眞眞內心之衷。惟手掌中之紋。決非一時意志可能改動。暫時之樂。暫時之憂。於掌紋手形絲毫無動。故掌紋手形之表顯。確能代表其主人翁之內心。因人之內心。完全由先天遺傳及後天環境．習性．所養成。年深月久。絕非一時一刻之事。

手形．掌紋．能指示各個人肉體上之缺點。最易受某種疾病之攻襲。所謂致命傷者是。倘吾人能先知而加以預防。自能減少不少痛苦。手形．掌紋。更能顯示各人之個性特點。倘各人均有自知之明。則對於選擇職業。更能各盡所長。樂此不倦。興趣既濃。辦事自能事半功倍。爲父母者。倘能爲兒女選擇適當職業。則豈但兒女得益非淺。實亦大有造福於社會．國家也。世人每謂『做一行怨一行。』實則乃內心有不滿之衷。用非所長。長非所用。宜其鬱鬱終身。而無所成就矣。

手相學發明最早。在上古時代。民智幼稚。往往用以爲統治之工具。及至後來。則被權威者所利用。用以分別人民之等級。古代利用神權爲統治之方法。故手相學亦納入神學一類。自是不能普遍傳習。加以昔時學術。均操於權貴之手。平民限於律法。更乏學習機會。時過境遷。於是後世竟認手相學爲神學。而造成以爲迷信之念。及至最近。則已流入江湖流亞之輩。爲賺錢之術。眞學失傳已久。使愛好之士。恨未早生於千百年之前也。

手相學亦名掌紋學。就是以手的全部。卽『手形』『手質』『甲形』『指節』『掌紋』爲談相之主體。在普通觀點上論之。似覺帶有神祕色彩。顧不知天下之大。覆載之間。何奇不有。何物不奇。上有日月星斗。下有禽獸草木。倘無專門人才。爲之悉心研究。盡人事之可能。求一知半解於萬一。則吾人更何能享受目下之物質文明哉。手相學經歷代中西好學之士。悉心研究。詳加探討。避免迷信觀念。斤斤以科學方法。詳細解釋。方法至爲確切。原理更是具備。不過人事變化無窮。世情常在演變之中。倘腦經略受拘束。往往容易錯之毫釐。失之千里。所謂人事之智力有限。天理之奧妙無窮。區區掌心之中。實涵有人生之一大天地。倘觀察略欠周詳。試問斷語從何着眼。宜其錯誤百出。信用掃地。要知此乃人事之錯誤。偏見自私。意氣武斷。有以致之。其實於手相學本身方面。絕無絲毫責任也。

目下各國警務機關。已實行採用指紋學。用以引證人犯。百無一失。成績之良好。已爲世人所共認。其有利於人事。自不待言。實則指紋學者。乃手相學之一部份耳。指紋學但能用以引證人犯。而不能據以推斷『人』之一切運命。然細察近代科學家之發明。

推陳出新。向日之所無者。而今則逐一發現。恍惚迷離。無奇不有。吾人倘置身於百年之前。勢難置信。依此類推。則對於手相學識。又安知將來不能得更進一步之供獻。事在人爲耳。

手相學者。卽以手的全部爲談相之對象。茲將其主要觀點分列如后。

手形　拇指　掌峯　手質　手指　指甲　掌紋

上述總目。鄙人當根據歷來經驗所得。加以圖說。力之所及。務求正確易認。使讀者容易瞭解。要知手中代表之各種不同原素。彼此各有牽制。互相照應。讀者參圖就解。可以心領神會。在談相之時。尤須集中心力。統盤籌劃。顧此顧彼。不接不離。方可酌下斷語。

又本篇所述一切。以原理學識爲主。讀者最好不以字面意義爲刻板文章。必須旁敲側擊。量情意會。切勿專重於某一部分之標記。顧此失彼。最易造成大錯。

讀者在未曾參閱圖解之前。必須具有考證的方法。因爲倘然吾們單單限於手形掌紋。似太狹義。易涉迷信。何況事實上又不能如此簡單。先決問題。是何謂手相。何以相手可以知其運命。運命是否天定。『手』與人身或竟『人生』究竟有何關係。諸如此類之問題。不知凡幾。用特事前盡鄙人一己陋見所得。極盡可能。設法解釋。俾讀者在理智的立場上。可以確定。不尙空談。惟學理是尙。要知命運決非偶然。手相自有其不拔之原理。信心既能確立。能力自能發揚。談相果然匪易。要知難而不難。是無難。手相之旨亦在斯。

人之所以異於禽獸者。是因爲人的腦經。較之其他一切動物。靈敏發達。人倘然沒有人的腦經。就無法可稱爲萬物之靈。腦經是人的獨特威權。操縱人生的一切行爲。最易鑑別的方法。吾們就得引用生物演化論裏的說法。猴子與人的演變階級最是切近。猴子的低能完全是因爲其腦子之發達遠不如人。人類對於現代世界文化之進展。追本求源。不能不謂是腦經有絕對之功效。本書旣談手相。吾們第一要明白『手』與腦經之關係。究竟如何密切。必須加以確定。譬如吾們想做一件事。最初的出發點。當然是腦經的感覺。同時產生意志的動機。但是倘然沒有『手』爲之執行職務。是絕少實現成功的希望。腦經是人的總府。手是執行職務的主要工具。領總的說法。就是人類之進化。自上古直到目下爲止。人能夠利用環境。人能夠利用自然。世界上一切文化。可以說多是腦與手的成功。其人之所以異於禽獸者亦在是。進一步說。人在睡覺的時候。腦子是在完全休息的期間。一切知覺至少均在模糊的狀態之中。但是就在這個時期。倘然在其身體之任何一部份。受到極小動物如蚊蠅之類釘咬時。或其他刺激。音響細微。痛養輕弱。不能引起腦經立卽淸醒。但是吾們的手立刻能夠在其不知不覺之中自然而然伸達至任何被侵部份而執行其天然方式的保護工作。依上述原理。則腦經之與手。豈但僅有密切關係。實亦二而一一而二者也。吾們可以說人而無腦難爲力。腦而無手不爲功。偉哉手之於人生也。

手之偉大

意志從指尖源源
流出最是便利

時至今日。人已能於多方面利用自然。統制自然。發明了各種不同精巧機械。用以代替人工。物力之技巧。殊堪驚人。不過吾們倘然從造化萬能的方面着想。則一切機械物具都是人力的發明。一切現代文化。都是人力的供獻。因爲格於人力之有限。終不克儘量完全瞭解天地間大自然之所以然。使歷代科學專家。好學之士。發生『吾生也有涯』之恨。是以截至目下爲止。對於吾們人類本身的人生問題。仍舊是在神祕的過渡程中。

人大致有精神肉體之分。精神方面有宗敎與神學的種種研究。爲之解釋。對於肉體方面有歷代醫理之探討。但是人究竟是人。較之宇宙之大。眞是滄海一粟。微乎其微。所以人雖可以盡其所能。發明或創造人力所能及之理學。而吾人生長於自然之中。自然之發現無窮。尚不能幾希於萬一。

吾們皆知人力能創造種種學識。然一直到今。人雖盡力研究。終不能創造出一種機體。其效率與機能同人一樣。手是創造文化的必要工具。但人究竟不能創造與手一樣靈敏的機物。自是事實。現在吾們要就手之部份講出人的一生命運。意義渺茫。在理智上解釋。似有不可能的假定。但是世界人類的進化。是不可限量的。吾們祇要覺得有一絲一毫的線索。不至完全絕望時候。是不可失望的。

同時要明白人究竟還是人。人雖不能明白人。但研究人生。還是吾們人的責任。

人力有限

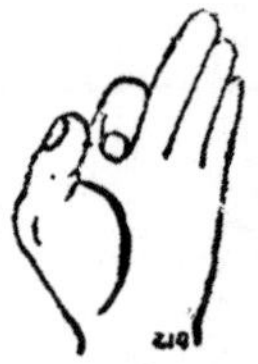

中指。無名指。小指。不能運用自如的是事實

古人說。『言爲心聲。』明白點說。就是心裏想的是什麼。嘴裏就說什麼。心裏想說好。口中就說好。心者內心也。言者表白也。『欲

知心中事但聽口中言。』就是這個意思。言有各種不同的方言。語有各種不同的語氣。言語的方式。各各不同。口中講的話。本不妨說就是此人內心的表現。怎奈時至今日。人事日趨複雜。內心的靈機變化無窮。或因環境關係。或因學識關係。社會人事之組織情形。因人而異。故而口中所說的話。未必卽是內心意志。則必得改變路徑。從神氣方面着眼。比較來得確當。

吾們現在假定對象的『心中之事』是內心眞正的意向。除出他自己本人明知之外。是與外界絕無關係。不能引證的。在外界見問能力之外。是無法明瞭的。及至言語出口。方始與外界產生直接關係。而其中意義又甚複雜。因爲言有謊言•眞言•之別。語有各種語法。指東可以話西。口是可以心非。於是吾們必須用耳朶來聽其言語是否可靠。用眼睛來看其神氣是否眞誠。一方面既有神情之表白。則另一方面就可以利用觀察鑑別的能力。而達到彼此了解的地步。這是大家知道的。在外表上可欺人。但內心則決不能自欺也。

神氣由腦經之電波而形成。手與腦經之關係既如上述。宜其自然而然。而形成掌紋手形之各各不同。

內心無論有什麼意思。必須依賴外表的行爲。方始可以達到充分的目的。理想是事實之母。欲知眞情。但觀外表。一方果是從行爲上着想。但在質的方面推想。是二而一的。不過世界上種種環境。情感上的引誘及拘束。每使鑑別上發生障礙。但是不論世事如何複雜。倘然吾們能用絕對的理智來觀察。決能從神氣上得到眞情。例如犯罪人是難得講眞話的。但不論其供詞如何。老於問供者。就能從其虛僞的表現上而明白其供詞之是否可靠。旁敲側探。反覆引證。不難察知犯罪人之心理。有動於中。必形於外。是從行爲方面着想也。

從『質』的一方面講。吾們須得引用物理。最簡單的是。『種瓜得瓜種豆得豆』倘然吾們種下的是桃仁。決不能結出李子。桔皮之內是桔實。梨皮之內是梨實。是決無虛僞的。又如吾們前面放了二只絕對同式同樣的杯子。一只是磁的。一只是玻璃的。吾們並不須要用手去測驗。就可以『一目了然』其質的不同。普通以爲『一目了然』四個字是便當極了。殊不知事實上未必如此簡單。倘然吾們用哲學觀點來分析則『一目了然』決非易事。是需要相當的經驗。理智及鑑別的能力。所以在這『一日了然』之中。實已包括人類理智之大成。

進一步說。譬如有二個絕對同樣之手鐲。一是純金。一是鍍金。在外行人看是一時難以鑑別。但在內家觀之。則鑑別決非難事。圓顱方趾。各有天地。各有神通。內心之意志。既難一律。行爲的方式自是各異。於是內心生活素機能之伸張。亦無窮盡。千變萬化。表裏成形。是相學之所以始也。詳察掌紋手形。推而知其內心之眞諦。理至顯明。

根據指紋學的發現。世界之大。人羣之衆。絕無兩人有同樣的指紋。業經各國醫務當局證實應用無疑。人海茫茫。何止勝數。而在此大不盈寸的指尖上。竟形成了各各絕不雷同之紋線。理至淵妙。豈人力之所能憶斷於萬一哉。

推而至於手之全部。『手形』『掌紋。』父子不同。母女各異。卽雙生子亦絕然不同。從生理方面講。可以說是原素細胞之不同。

內心組織不同。當然產生不同的外表。從反證的方面講。可以說但觀外表之不同。便知其內心之各異。手與內心之關係。既最密切。則吾們就得觀察各個不同的手形掌紋之形態。用以推測其內心之眞情。

從完全藝術及學理上講。可以說吾的手。就是吾的手。你的手就是你的手。無論從何方面着想。均不能否定。縱然字面上未免牽强狹義。但是倘然在吾們不能否定之前。就可以作爲眞的。望讀者三思之。手形掌紋之各個不同。就是代表各個不同的頭腦。手的能力程度。均以腦經的智力程度爲依歸。例如做粗笨工作的人。其手一定亦甚粗笨。同時其腦亦必甚簡單。粗手乃粗腦的工具。粗腦是粗手的指使者。表裏相配。至爲適當。同時細巧的女工如繡花織補之類。其工作所用之手。必較靈活。當然其腦經之精細。遠非粗者可比。假使鑛工實行刺繡工作。勢將無從着手。卽令刺繡女士執行開鑛工作。亦將痛苦倍至。一方面有不同之手形．掌紋．之外表實則其內心之不同。亦正在斯。

由此觀之。外表卽質之代表。造化無虛僞。然則吾人但觀其手形．掌紋．之外表。自可明瞭該主人翁之內心。不無相當理由。

關於『手』與人生的行爲習性之密切連帶關係。前面已有相當解釋。茲者當更進一步。探討所謂人的運命與『手』究竟如何關係。普通每謂命運乃是天定。吾人研究手相。萬事必須以事理爲前提。勿尚空洞迷信。吾們必須盡人事之可能。予以理智上的解釋。使讀者信心更能確立。才於手相學本身。較有裨益。

筆者在進行解釋之前。祈讀者注意『盡人事之可能』一句。同時作下列辯護方式的陳述。使讀者不涉絲毫迷信之觀念。所謂理之所在。必須窮本求源。手相學者理學也。非理不談者也。所謂命也。運也。鄙意以爲例如吾們種瓜。近人利用現代科學方法。培本滋養。能使瓜實可以達到最滿意之階級。因勢理導。是科學家已能『盡人事之可能』能瞭解該種子之內部細胞之組織。及其生活素之機能。供其所需。去其所不需。栽培得法。有以致之。然未聞有能憑空創造瓜果而不需要天然之種子者。是乃人能利用自然。而不能創造自然。理至顯明。吾們是人。故人之智力。亦以此爲限。吾們可以改善運命。而不能創造運命。

且談手與命運之線索。今有人也。本性固執。愚笨。自我無人。同時又懶惰非常。終日不願實事求是切實工作。理想百出。而其對於生命所繫之滋養料。因生活問題。當然不能或缺。在茲人事萬千。人浮於事的社會中。而欲以簡單直接不費勞心或勞力之方式而得之。其安可得。於是終日嘆息曰。某人運好。天命也。而不覺自己之錯誤。但怨運氣欠佳。試問世上有不勞而獲之理否。擒虎尚力。捉鳥要智。此人或的確終日大動腦經。可云勞之至矣。但因不能與外界發生利益關係。或竟是偏狹的利己思想。於社會何補哉。是所謂心勞日拙耳。窮耶。通耶。命耶。運耶。望讀者味之。不可忽視。

手形、掌紋、是因人而異的。同時吾們可以連想到人類的環境、意志、亦是各各不同。總括的說。可以引用物理學空間例上來講。有一條『物質不入』的定律。就是說。一個物質所占有的空間。是絕對無其他物質可以同時占有的餘地。人類肉體是物質。所以各個人身體所占有的空間。絕對無第二人可以同時占有餘地的。地位不同。角度自異。角度既異。觀點自難一致。觀點既難一致。

反響自是各別矣。何況人生天地之間。宇宙之大。包羅萬象。地有東南西北。時有春夏秋冬。幻景萬千。變化無常。隨時隨地。瞬息幻化。是卽人類個性不同之大原因。

從另一方面比較醒目的方法來解釋。就是人人知道的星數學。星數學推算命運是根據八字。對於出生年月日時的推算方法。自有星數學書籍詳情解釋。毋須多述。吾們單單就出生的時辰來講。照前人計算。是一晝夜分十二個時辰。照現在計算是每日二十四小時。所以每一時辰等於現在二小時。在事實上吾們出生離母身的時間。普通不過數分鐘。所以吾們出生之時間是很少相同。卽使時候是絕對相同。但是出生的地點是絕不相同。此亦『物質不入』故也。大而言之。產地有南天北地之分。小而言之。有某路某號之別。每個人之出生出發點。旣各各不同。又何況後天之環境。教育。均爲改變人生之主要工具。熱帶之人皮膚黑色。寒帶之人色白。天時使然。亦物理也。吾人以『手相』而談命運。更須着重精神方面。吾們一切的一切均受環境的支配。於靈性方面更屬巨大。吾們研究靈性『亦即運命之根。』先須具有歷代宗教。法律。禮教。傳統。習慣。之知識。潛移默化。根深蒂固。對於吾們人生一切命運實具有最偉最大之勢力。目今科學昌明。物質進步。吾人處身都市之中。舉目之所見手之所觸。除天象空氣之外。大都均爲人工之質物。吾人自出生以至老死。無時無刻。不在人工物質之大包圍中。仁者見仁。智者見智。眞如佛學所說。『人』生・老・病・死。於色相之中。去眞理也遠矣。往往同一物體。理論各各不同。何也。是乃因各人腦中之成見各異之故耳。宗教。法律。禮教。習俗。傳統。乃造成各人成見之最大原因。

茲者略舉數則。望讀者仔細推象。倘能舉一反三。則不遠矣。

吾國昔時男則拖辮。女則纏足。女子纏足。愈小愈美。因美生羨。因羨生愛。於是脚小女子。成爲社會共同之信仰。同時脚小女子風頭尙矣。在小脚女子本身。雖覺肉體痛苦萬分。但因脚小之故。竟引爲畢生榮幸。試問時至今日。假使尙有一女子也。以其三寸金蓮。彳亍於大廈舞廳之間。其景象又將如何。『千人所指不病而亡。』豈但觀衆將引爲笑點。卽其本人亦將以爲奇恥大辱。又如某地以多夫爲榮。某地則以再醮爲恥。非本性也。習俗使之然也。人不能離人羣而生活。故人之運命出發點雖在於本人之內心性靈。而定論則在於人羣之共同觀點。

誠如上述。人之命運的出發點在於本人之內心性靈。既屬本心。則權在本人能力範圍之內。過則改之。善則勉之。豈不佳哉。又安知一人有一人之組織。一人有一人之特性。一人有一人之環境。

『泰山好移。本心難改。』

內心既不能改變。則謂人之運命出之天命。亦無不可。星火可以燎原。點水可以穿石。人之腦經爲世界上最靈敏最纖微之機物。一絲感覺。可以永世不忘。其對於外界之一切學識色相耳聞目染。其來也漸。其入也深。日積月累而造成堅强不拔之自吾成見。由成見產生意志。意志之所在。卽使之於行爲。行爲之執行全賴『手』之獨特功用而達到其成功目的。

窮耶。通耶。謂之一手造成。未始不可。

諺云『得心應手』。手形掌紋之表示。實足以顯出人類之意志行爲能力。藉手以窺測其人之個性特點。推因及果。則一切過去現在。將來。均已歷歷在目。事在人爲耳。是手相學成立之一大理由。

圖識

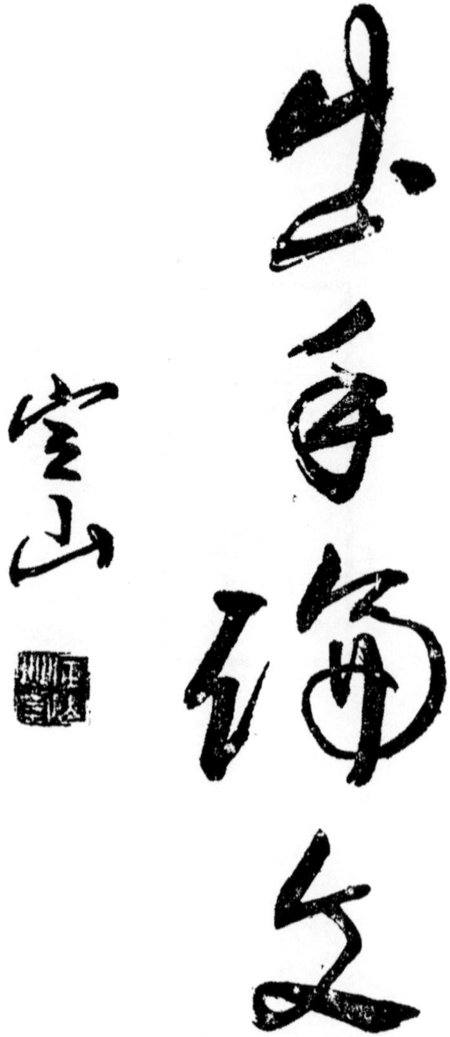

○引言

作者因手相學。每易述及迷信。故不厭求詳。反複伸述。務使讀者先具理智上之線索。科學上之解釋。造化無窮。原不出因．果．二字。欲知樹之果實。先察葉形木理。欲知人之運命。則先察其掌紋．手形。藉以明瞭其個性特點。爲之介。求人不如求己。反射自問。虛心克己。樂在其中矣。運命云乎哉。

以下圖識均以普通平易之方法。註解說明。至於一切專名。術語。均剷而不用。以期讀者易解易識。便於記憶。隨時隨地。均有考證機會。或於茶餘酒後。爲親朋談談手相。可以平添不少興趣。

看手相時將對方雙手平放於前。手掌向上。先粗看其手之長短。指形是否尖．寬．或方。手指節是否顯現。抑或爽直。四指是否鬆離。抑或緊靠。掌之豐虧。指之短長。抑或指長掌短。或者指短掌長。則在進行觀察掌紋之前。已具有不少參考材料矣。讀者勿以簡易而忽之。

掌紋

1 生命線　2 運命線
3 智慧線　4 成名線
5 直覺線　6 心經線
7 婚嫁線　8 情感線

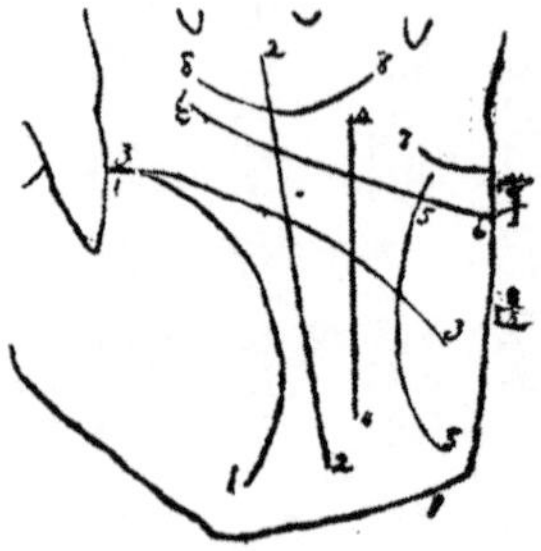

掌峯

1 拇指峯　2 拇指上峯　3 食指峯
4 中指峯　5 無名指峯　6 小指峯
7 掌心　8 掌邊峯　9 掌角峯

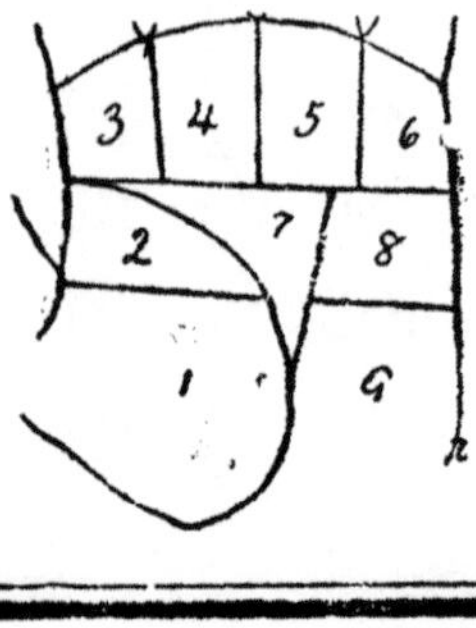

格局

天・清高智慧・
人・處世才幹・
地・物質享受・

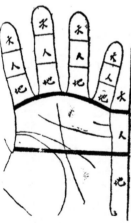

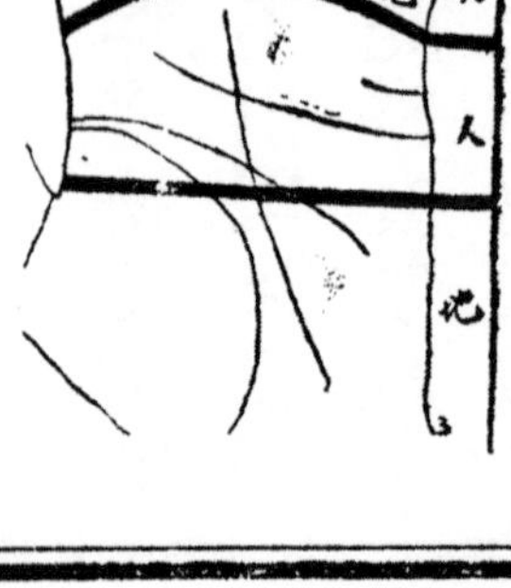

○拇指

△拇指能獨立　拇指能獨當一面。

手相學中之拇指部份。實占至重至要之地位。讀者對於拇指之神奇。必先具有相當研究及瞭解。要知造化萬能。大自然之中。自寓有一定之定律也。古之學手相學者。以拇指爲第一課。其精於手相術者。更能單察拇指。而推斷其一生成敗。在生理上。拇指實操全手之總樞鈕。能獨立。能獨當一面。人而無拇指之獨特能力。則一切行爲勢將大大減弱。拇指能顯示其主人之個性。與其獨特才能。拇指是生命慾的領袖。試觀死人之拇指。則均握在四指之中。是象證該主人已完全屈服於死神矣。又人與猴之演變最近。人有手。猴似亦有手。惟猴之拇指。萎而無勁。勢難獨當一面。故猴之取物用握。吾

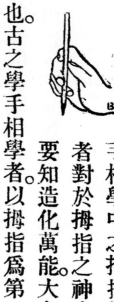

人但觀其外表應用上之缺點。用以推想其內心能力之薄弱。理至顯也。

拇指之於手。猶面之有鼻。可以左右其他一切部份。拇指具有大自然對人類之獨特天賦能力。人之所以爲萬物之靈的基本條件。由生理條件之神祕。推而及至人類文化之昌明。仕農工商。各有所專。各得其所。人是一小天地。拇指主其總樞。人有智愚力分强弱。門類既分。爭鬥兮始。物競天演。是造物演進之終極目的。

拇指分三節代表天人地三大原則卽慾理情三者是也。

第一節『天』主人生之大慾

第二節『人』主人事之理智

第三節『地』主情愛之基礎

三者具備是天地造物之本旨

節大有力是示本質之强盛。節短而小。是主個性之減退。人生一切行爲終而至於窮通休咎。均因之而變化轉移。所謂大小强弱之別。原屬比例說法。讀者注意。

拇指大局分二類。指節鬆輭。指節堅實。

鬆輭。外傾。應變隨意

堅實。靠掌。自吾成見

拇指外傾而輭者。行爲每易適應環境。達觀而又隨意。同時注意。智慧線。倘智慧線弱。是猶豫不定。更無決斷。倘智慧線强。亦有主見。『參掌紋』

拇指靠掌而堅實者。行爲必多自吾主觀。而慳吝拘謹。同時注意智慧線。倘智慧線佳。還能情理用事。倘智慧線强。則必屬自吾成性。執而不化之人矣。

第一節大　是慾望勝過理智『天』

第二節勝　是理智勝過慾望『人』

第三節壯　是唯物實慾『地』

質粗・形俗・必非佳種

扁平・帶尖・神經主敏

秀麗端正・品格優

笨頭笨腦・庸俗生平

第二節緊縮・計謀策劃

握拳而拇指內藏・未免陰險

第一節後倒。是流財之象

拇指第一節灣向手掌。必工心計

拇指第一節外傾。是成少敗多。操勞終身

拇指第三節。即拇指峯。特然豐隆。血壓必高。並倘意氣

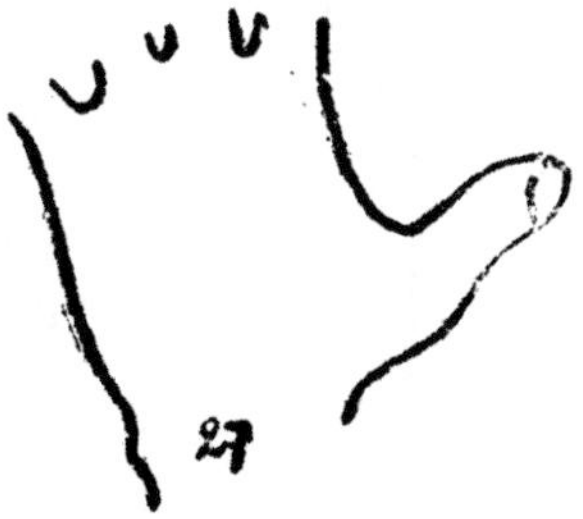

拇指下落。愛羣。好動而富同情

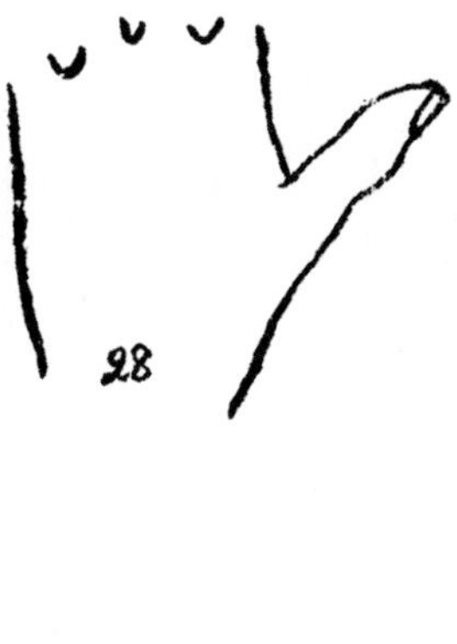

拇指緊靠。自私。拘謹而喜靜

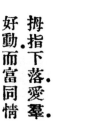

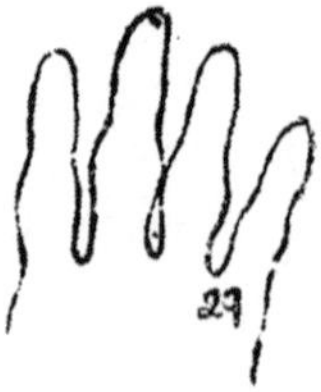

女子骨硬。節顯。必工計算。而尚克守節操

拇指短小。善變。之毅力。靈敏。而內心孱弱

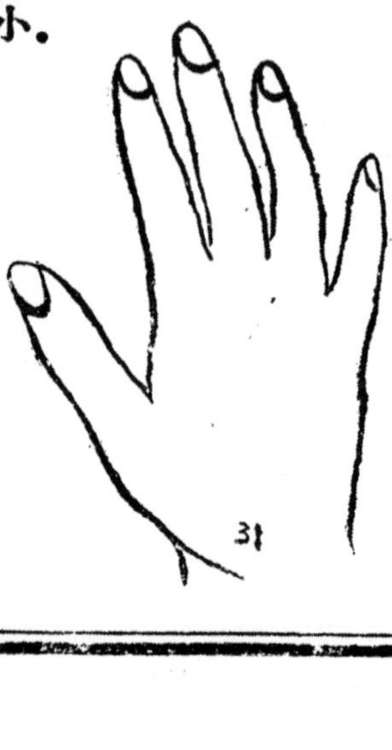

拇指高大。固執。獨裁。而有克制把持能力

蛇頭拇指

1（手俗。拇指岺高。智慧線短。）兇暴之徒

2（智慧線長。手品佳。）最多悶氣。事與願違

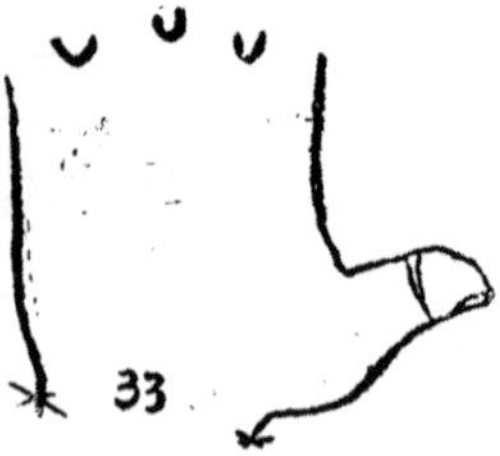

拇指第一節小。是理智勝過慾望。知足常樂

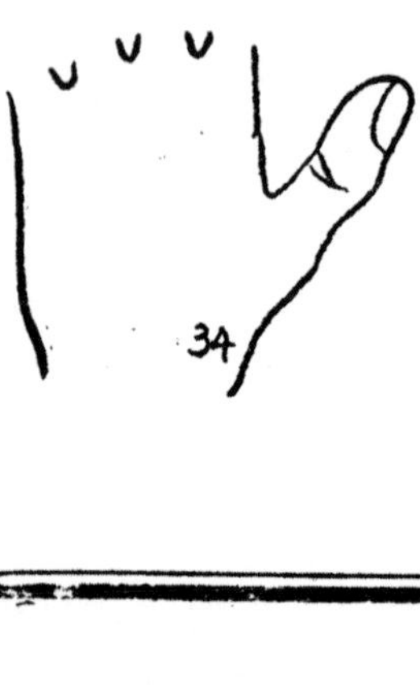

拇指第一節大。奢望勝過理智。好勝成性

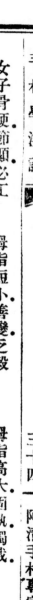

○手形

指、掌、手、形。顯示個性特點。最關重要。惟人類種族不同。生活各異。加以異族通婚。變化無常。欲求純種。已非其時。同一手上。一指見方。一指尖、寬。每多常見。故欲個別解釋。勢所不能。爲求便利識別起見。大體分爲三大種類。

（一）尖『感應』。 （二）寬『動作』。

（三）方『規則』。

掌紋、是指示成敗之南針。手形、所以表明個人之性情。習慣。讀者對于二者。必須具有確切瞭解。方克濟事。但觀手形。無從決斷。單察掌紋。失其根據。二者兼顧。彼此照應。方知資料豐富。全仗看者酌量採用。於是乎推斷可以有根有據。解釋亦能入情入理。猶生物進化論于馬蹄、熊掌、之別。天演變遷。同一意義。幸勿忽視。

手形大致分爲三大類別。如上述。讀者最宜注意。蓋手形長。短。闊。狹。因人而異。大小不一。更無確定標準。全仗閱者之當時鑑別。以相稱相應。不虧不倚爲宜。左圖示手形之端正相稱者。茲將指長之度量。大致說明。使讀者具有影象。要知手形各個不同。非定例也。

拇指尖應達食指第三節之中央
食指尖應達中指第一節之中央
無名指尖應達中指第一節之五六
小指尖應達無名指之第一節

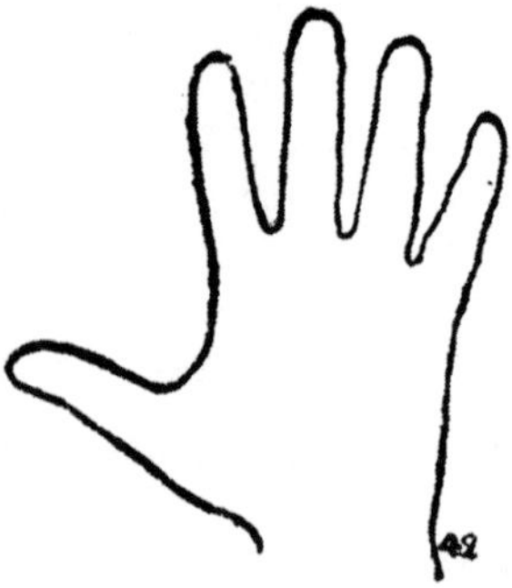

○尖

尖。是感覺靈敏。思想迅速。尙精神安慰。愛美藝術。倘手形特長。質輭。必定多情。善感。想入非非。生活完全理想化。精神必定苦痛。倘同時智慧線直趨掌角峯。神經衰弱。神經失常。

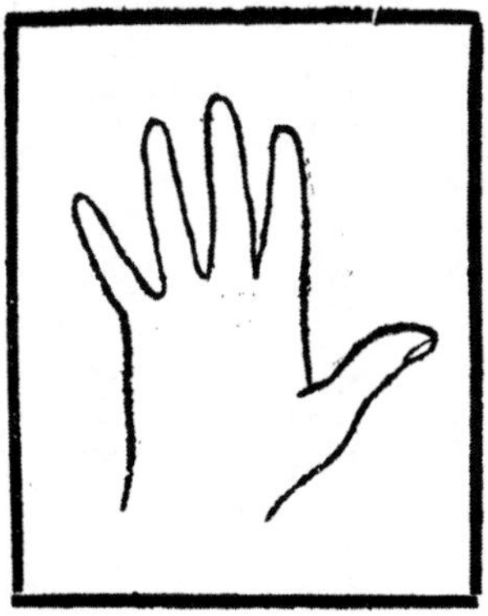

（長短各個不同。依此類推）

○寬

寬●是喜動。善變。說到做到。自吾主張。有創事天才。

倘過寬而同時形長。掌峯低平。必定反複無常。出爾反爾。一生變遷極多。

倘同時智慧線短弱。必定虎頭蛇尾。有始無終。功虧一簣。勞而無功。

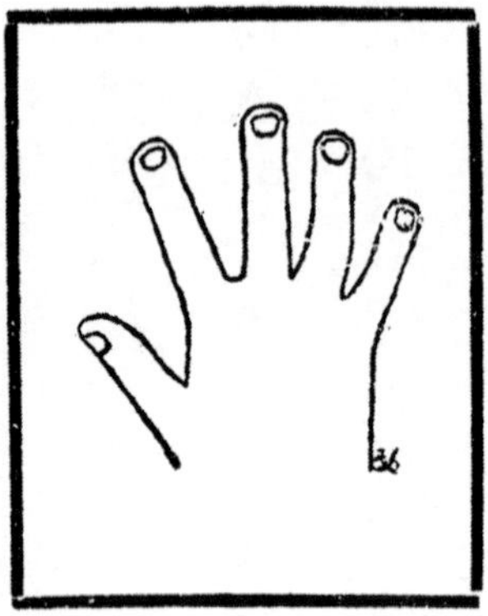

（拇指部分關係重大●千變萬化必須顧及）

○方

方•是實事求是。辨事崇尚方式。大有不以規矩不能成方圓之成見。不尚空言。的是古君子風格。

倘同時手質堅實。智慧線直達掌邊。未免固執成性。剛毅果敢。說一劃一。

倘能手輭掌柔。還克隨機應變。

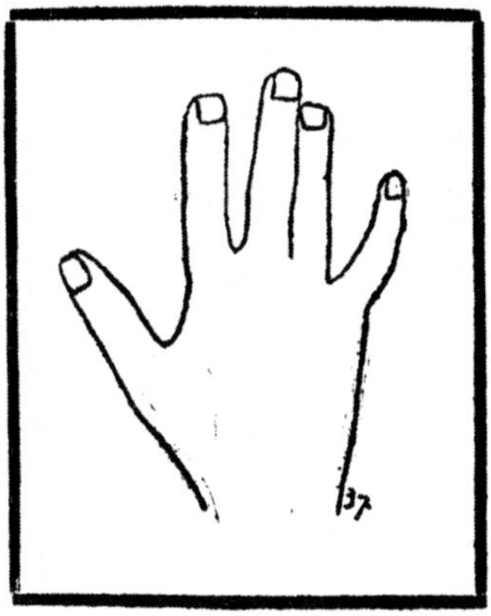

（掌峯各異不可武斷）

○猴爪

相手象形。讀者必先具有確切認識。方能發生興趣。俾資活用。試觀附圖猴爪。四指筆直如竹枝。但見其骨。未見有勁。但具手形。而未有其靈。拇指萎弱無力。勢難獨當一面。加以緊靠掌邊。是自私

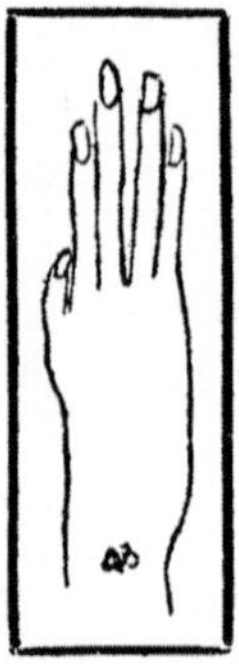

而無博愛。既短又小。是意志薄弱。無自主能力。『參拇指部。』食指與小指相等。是雖亦靈活。無崇高思想。爲所欲爲。中指與無名指遠離。足證樂天而不顧前後。『參手指部。』掌角峯處。似較厚實。蓋略具想像模仿本能。『參掌峯部。』其奈格局未成。行爲之能力有限。其猴之所以爲猴乎。願識者加以研究。

○手指

掌峯示內心之眞諦。指乃行爲之媒介。相手必先鑑別四指之形、質。拇指在手相學中因獨具特點。自不能與四指相提並論。觀手指。宜先視其指之長短。指骨節是否顯現。指尖是否近尖。近寬。近方。同時再察手指天、人、地、三段。質、形、長、短。又手指不能四指並論。必須個別鑑察。

食指	主慾望、領袖、宗教、自然、財、加、	力
中指	主智慧、悲觀、設想、迷信、加、	靜
無名指	主精明、方法、前進、樂觀、財、加、	智
小指	主科學、嚴利、速、變、財、加、	動

手指圖解

同解

食　指＝食指峯

中　指＝中指峯

無名指＝無名指峯

小　指＝小指峯

（參閱掌峯解）

天＝	藝術　文學　考古　音樂
人＝	人事　商情　方法　手腕
地＝	唯物

(6)寬是喜動善變
(7)尖是感覺靈敏
(8)方是最尙方式

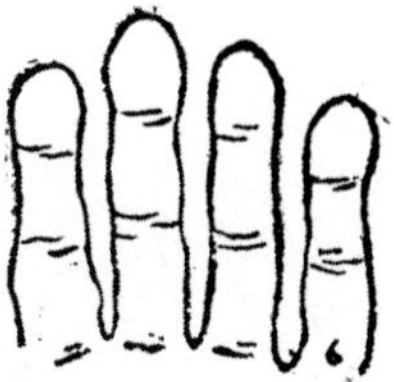

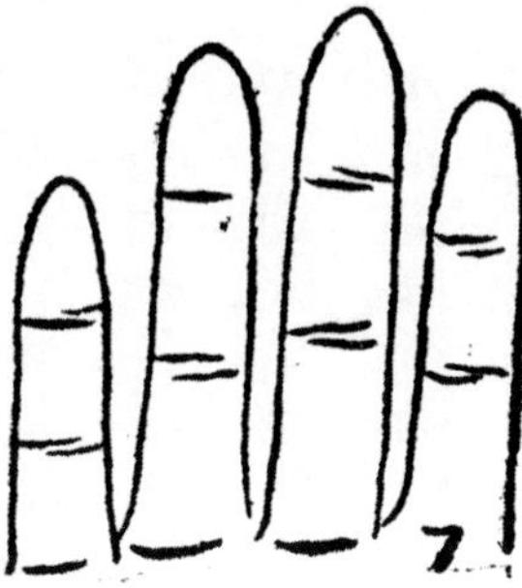

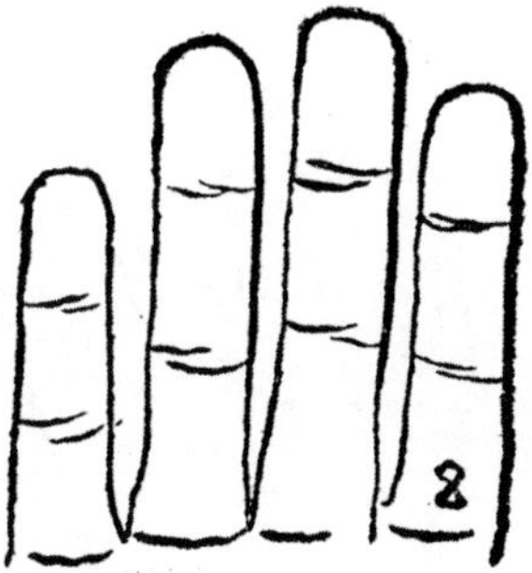

(81)食指壯直。前進而多主張

(82)無名指挺長。必多機智

(83)中指獨大。精細而工愁

(84)小指挺直。行動自由

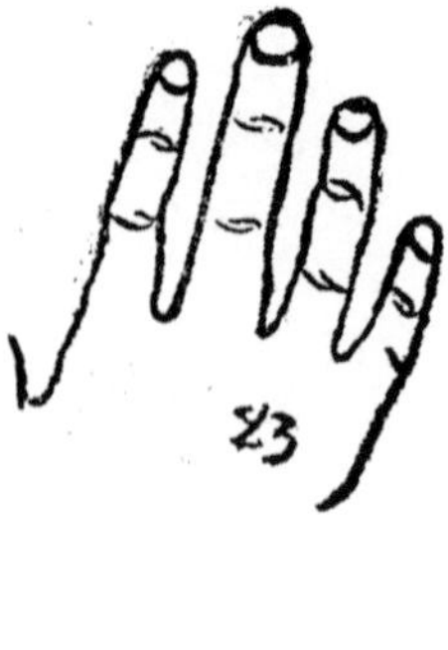

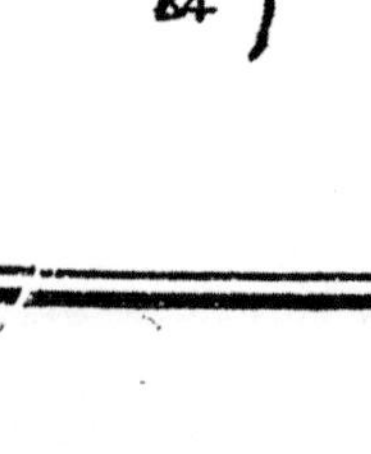

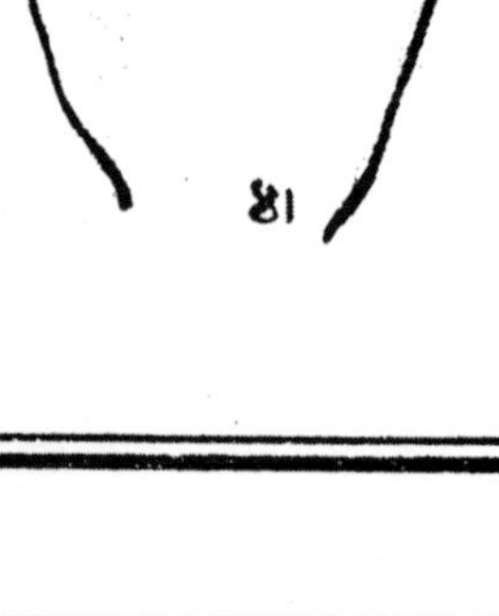

手指在同一手上。不論男女。形態往往各各不同。倘甲指直壯。而乙指有曲附之勢。應從甲論。甲指短弱而乙指正大。則從乙斷。第一指節長。主天份必高。第二節顯。是尚辨事方式。第三節壯。是唯物。指短。心必急。指長。性帶慢。節顯。必重考慮。尖者感覺靈敏。寬。是喜動。方。是實事求是。同時注意。單一形質。決非眞情。必須兼籌並顧。所以備參考也。

指根高低必有緣果

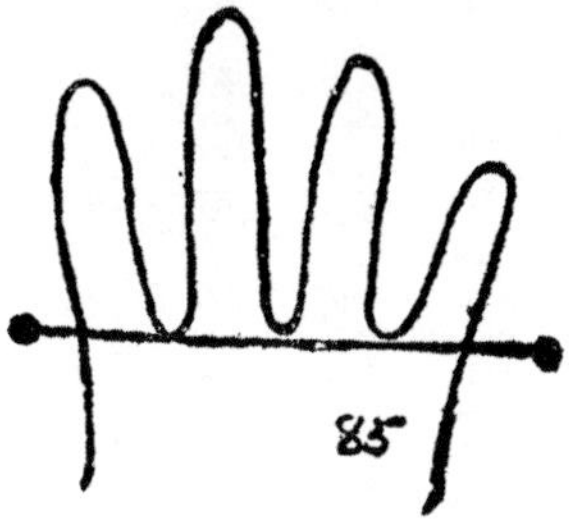

指均。根齊。意想平均

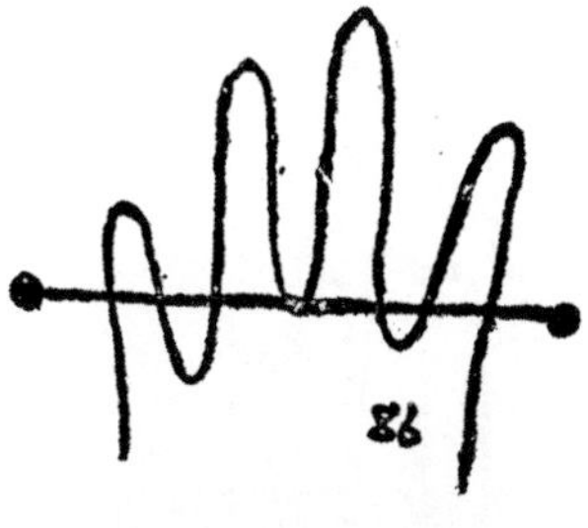

指雜。根錯。必有缺點

指低落處。即掌峯虧之故

(9)指長掌虧勞而無功

(10)四指鬆離喜動疏散成性

(11)指短掌豐好爭而當仁不讓

(12)四指緊靠自吾而帶固執克守

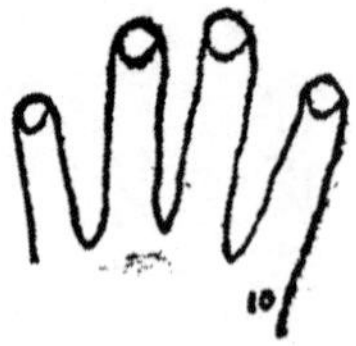

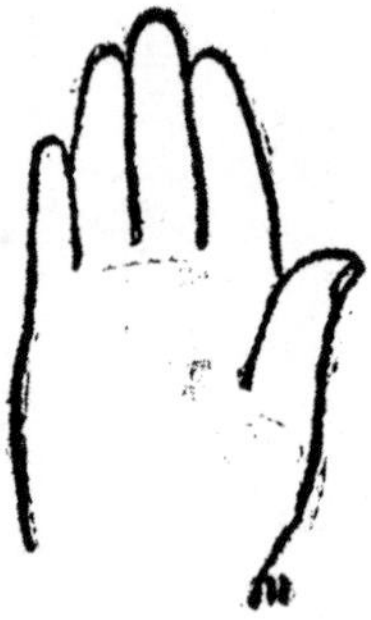

(87)指尖有點肉隆起．具直覺

(88)指方而扁．具創業天才

(89)指有曲直之分．『直勝．曲虧．』

(90)指節顯現．精明而多克守

(91)第三指節壯．尚物慾安閒

(92)直是爽直坦白

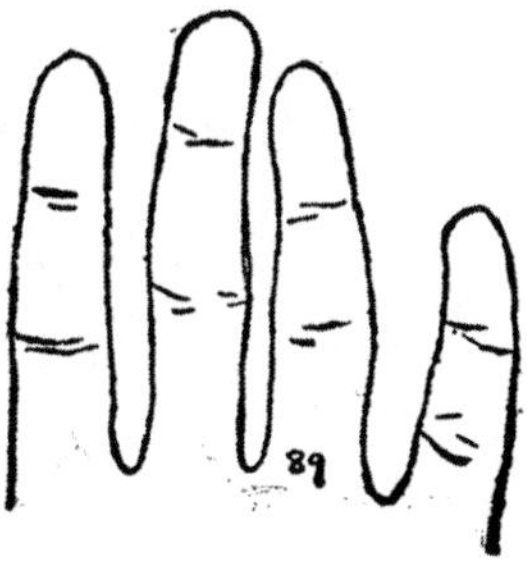

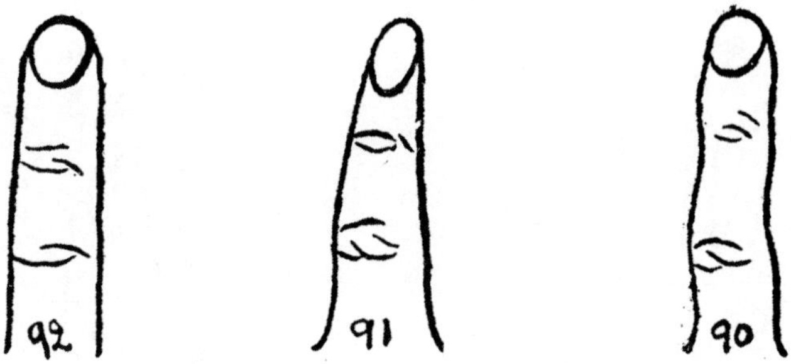

(93)中指與無名指靠近。是雖能策劃將來。未免無自信毅力

(94)中指長。四指緊靠。掌角峯滿。多愁多怨。重理想而又悲觀

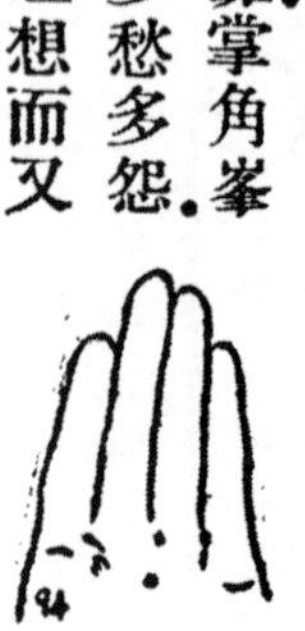

(95)中指與無名指分開。不顧將來。樂天成性

(96)四指分散。是行動自由。思想獨立

(97)四指曲而見節．同時四指分散．精明幹練．而乏道義觀念

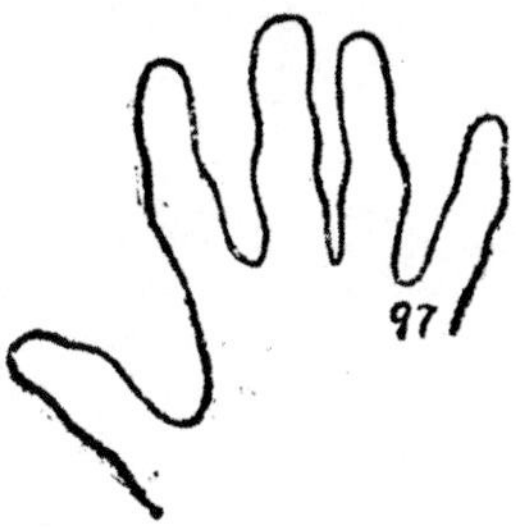

(98)第三指節壯滿．重實慾而尙物質．飲食男女

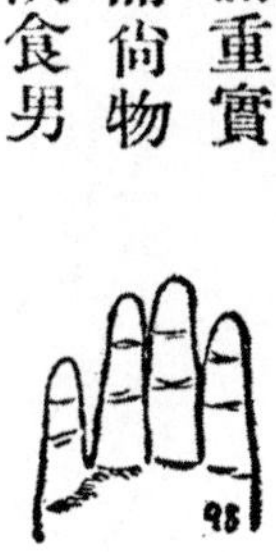

(99)第一指節長大．天賚高超．並尙理學．每爲他人着想

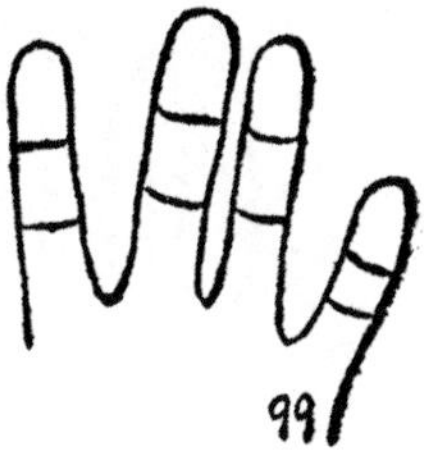

(100)他指曲附中指．是一切行爲全以本人理想爲依歸

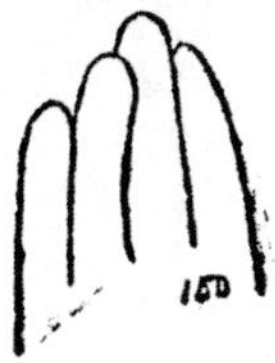

(101)指面起直紋。必多經驗

(102)指頭飽滿。血氣未消

(103)手短指尖。感覺靈敏。心帶急

(102)手長節露。必屬慢性。多疑帶靜

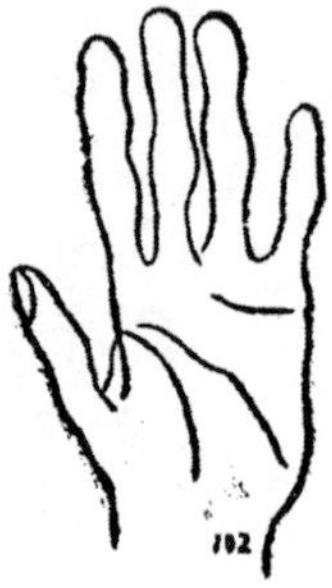

○指甲

指甲宜明。淨。細。潔。色彩紅潤。過紅不宜。暗白有虧。按人是一小天地。皮肉外表。原似銅牆鐵壁。物理方面。所以抗疾病之內侵。精神方面。所以拒內情之外露。因每人均有守祕密之天賦自由。惟指甲之質透明。猶房屋之有窗穴。以之窺測內情。百無一失。惜手相學失傳已久。絕少參考。願愛好君子。加以研究。茲姑將編者經驗所得圖識如後。

指甲解

(108)蛋圓。愛美藝術

(109)扁圓。心燥

(110)短闊。善批評

(111)上大下小。臨事畏縮

(112)方．規矩方式

(113)闊大．坦白

(114)長狹．理想迷信

(115)細小．拘謹秘密

(117)指甲特短．爭辯不了

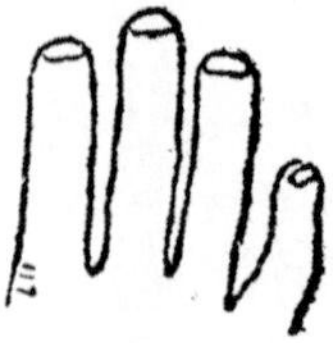

(118)手大甲小．拘謹退守

(119)甲似脫離．血不養心

(120)甲滿包指．心肺有病

(121)甲見高底．受過激刺

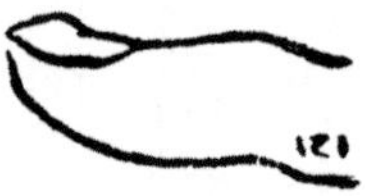

(122)甲起直文．神衰開始

(123)秀麗活潑．掌角峯高．加以指尖．
甲形蛋圓必因藝術而成名

(124)第三指節短而空．拇指第一節
後傾．加以甲形蛋圓．是愛美成
性．揮金如土．生平不倘積聚

○手質

手形大致分尖•寬•方•三大類別。所以分個別之品性。指有壯直•彎曲•高低之分。所以示特性之伸張•退減。手質有細輭潔潤。粗硬實俗之分。所以示强調或精化天賦之特性。細輭潔潤。是屬上品。粗硬堅俗。勢必粗化。俗化。字面解釋。已甚明瞭。觀手時可隨時加以參考。以之論斷個性。必多中的。有時手質似有彈力。是藏有活躍伸縮之力。所以該主人之個性亦具有伸縮活躍之能力。手背多毛。必是唯物。尙實慾。而帶血性。

(45)手輭質鬆是重藝術而富柔情

『心慈』

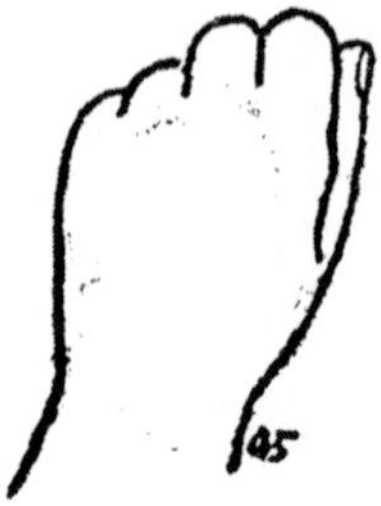

(47)似有肌肉必尙工藝而多操勞

『意堅』

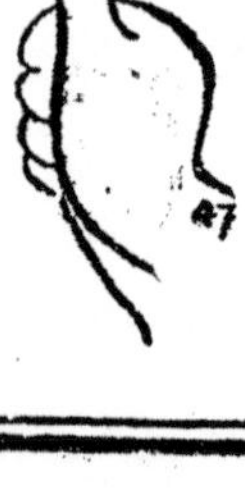

(38)似有彈力.第二指節現.是再接再勵.最宜從政律師

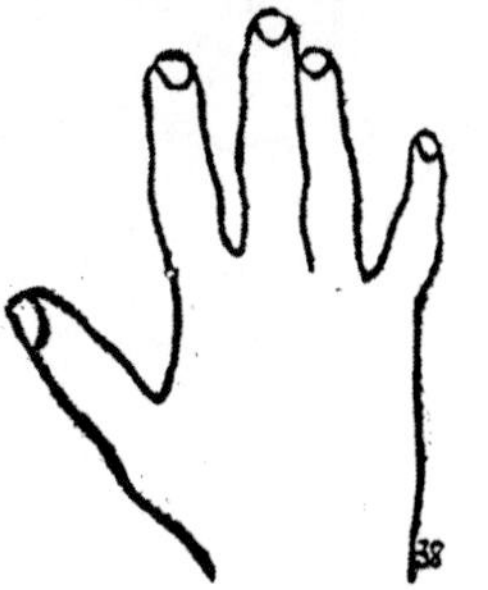

38

(39)指方帶扁.而手形長.是精細策劃.最合會計建築

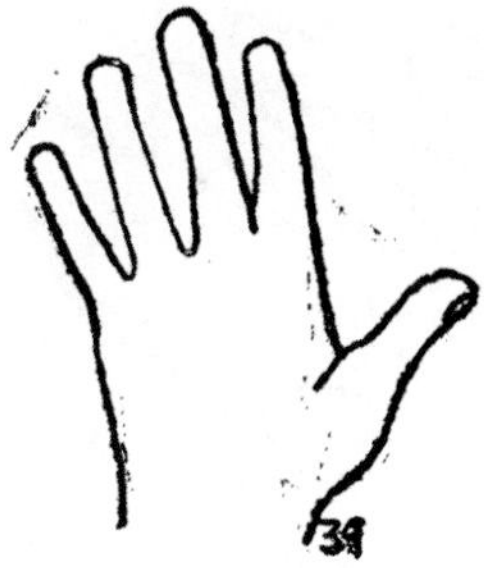

39

(40)指尖秀長.是靈敏愛美.理想藝術

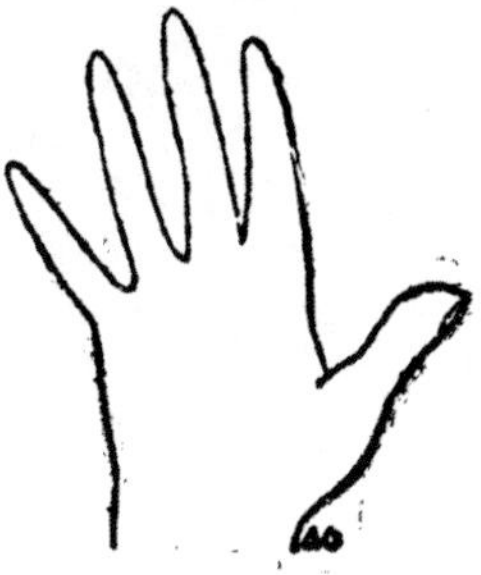

40

(41)指寬掌方.是喜動實事求是.最宜機械工程

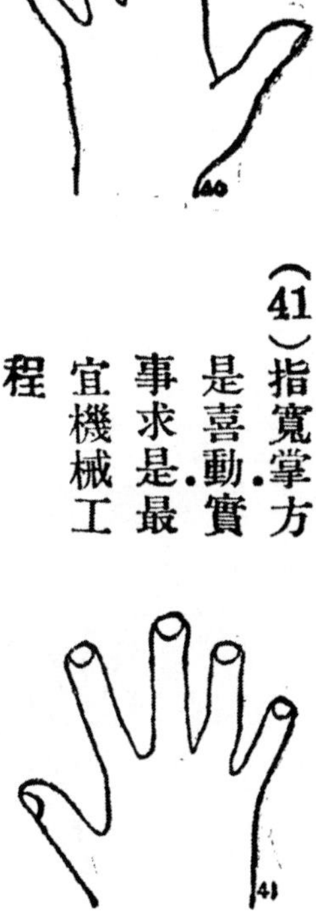

41

(44)骨堅．肉實．皮粗．是實力有餘．智慧不足

(52)骨硬．形雜．氣濁．紋亂．色俗．多奔波而又勞而無功

(48)格局秀麗．是靈敏無疑

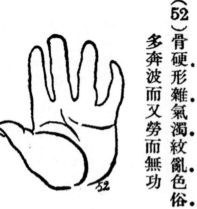

(53)指端．掌平．色潤．氣秀．紋明．重方式而辦事有方

(49)指能後傾．靈敏而隨機應變

(50)中庸適當

(51)伸手如握．克守保管有餘．流利不足

(54)處置適當是整個藝術表演．動作巧妙．足見有藝術修養．學戲必學手勢．『畫龍點精』

(57)小指活用．聰敏天賦

(58)四指緊握．決斷證象

(59)行路手如掛屍．必是懶漢

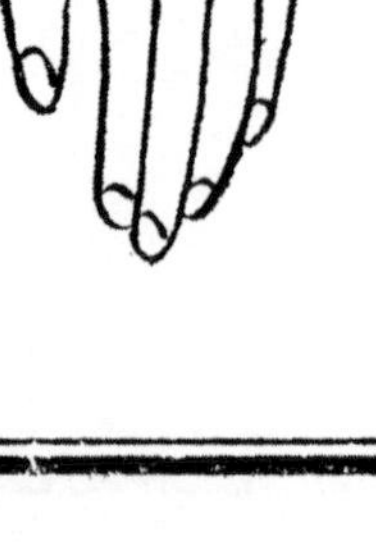

(46)色潤質柔．拇指第一節短小．是善良知足之輩

○指紋

指紋除警務機關用以引證人犯外。各國亦有研究關係人之習性者。日本已有專書出版。足資研究。本篇略述其大概而矣。

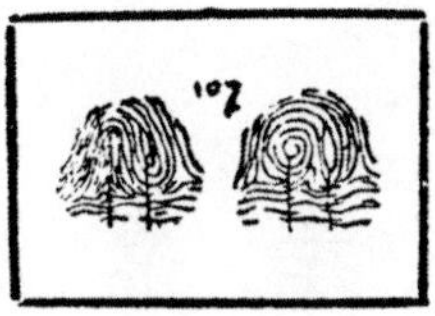

箕　斗

吾國古時有箕斗之說。箕斗者。指紋也。圓者爲箕。散者爲斗。圓寓集中之意。是加强該指之個性。斗是散漫。是減退該指之特質。十指全箕。倘其他不能相稱。精幹何用。十指全斗。要能相稱相應。亦是上品。指有箕斗。猶理之正反。原屬相對。但憑箕斗成敗難斷。譬如某指本質素弱。因有箕而適成格局。某指本强。再加箕。竟或過於不及。讀者默識可矣。

○掌峯

掌峯詳圖

(註解)

(請用擴大鏡)

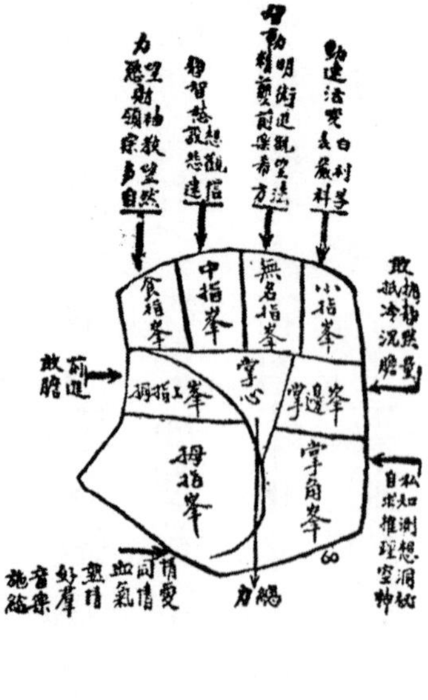

◯掌峯

掌峯共分八個。四個直接在四指之下。二個沿居掌邊。其他二個則在拇指之旁。掌之中央部份稱掌心。所謂掌峯者。掌肉隆起如小丘者是也。每一掌峯。代表天賦獨特性質如上圖。

造化萬能。人生神祕。七情六慾之根。滿佈掌上。觀掌峯而察內情。非偶然也。

掌峯有豐隆●飽滿●低平●倚缺●之分。豐隆●飽滿者。其所代表之特質强。低平倚缺者。其所代表之個性弱。部位正中者成。部位倚傾者退。讀者必須熟識詳記。顧此顧彼。倘甲峯成而乙峯缺。則從甲峯斷。或甲峯有傾倚乙峯之勢。應從乙解釋。依此類推。詳加堪酌。集中精神。博覽廣收。廢棄成見。酌下斷語。要知人事萬千。變化不測。對於每一掌峯之素質。必須確切認識。仔細推算。方有成驗。

四指除另具其本能外。（詳手指部份）其性質悉從其本指下之掌峯解。卽食指從食指峯。中指從中指峯。無名指與無名指峯同解。小指從小指峯。

掌峯形態。各個不同。有時隆然凸起。有時平坦難認。有時低平倚偏。讀者必須鑑別明確。隆然高正者。則其特質必也豐富強盛。平坦者。個性平弱。低倚者是謂缺點。其代表之特性亦付缺如。觀察掌峯。必先察全掌之中某峯最爲顯著強盛。論斷完全從其豐隆者着眼。其他平低者副之。倘峯上更見奇紋。（詳後）相稱。則更可確定其主人翁之個性。是屬於某類。同時注意其他質紋。拇指。是否調和相應。則更能肯定其特性之程度矣。

有時同一掌上。其豐隆飽滿者。乃有二個或二個以上。則此主人翁之類別是屬二個或三四個之和。同時注意某峯更較堅實。紅潤．中正。則仍取其勝者爲主幹。作論斷之基礎。

(61)掌峯豐隆．富熱情而尙肝膽

(62)全掌低平．愛恬靜而乏同情

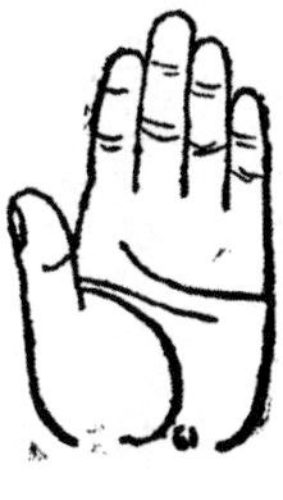

○拇指峯

拇指峯者。包連拇指第三節。生命線內之隆然高起處是也。按拇指第三節主造物之眞情。拇指峯主人羣博愛之感情。崇尚物質條件之大慾。倘拇指峯豐滿闊潤。其他部份相稱相應。其爲人也。必定博愛同情。尙社交。運動。愛好音樂。羣衆生活實事求事。慷慨成性。反之拇指峯低平窄小。必然冷靜用事。自吾退思而乏同情。倘拇指峯突然飽滿堅實。必定剛復用事。心急易怒。實幹硬幹。中年還防中風。總之拇指峯從血氣解。

○拇指上峯

拇指上峯。位於拇指峯之上。生命線之內。主前進之勇氣。敢作敢爲。從精神方面講。是有創造毅力。作者按•前進創造。全仗臨事之熱情血氣。此拇指上峯之所以位置接連於拇指峯也。處事有智取力爭之分。拇指上峯顯。必然有胆。拇指上峯缺。必乏毅力。至於急進緩進。全視拇指峯之豐滿低平。智慧線之强弱。爲之轉移。讀者注意。拇指上峯主前進膽力。

○食指峯

65

食指峯豐滿中正者爲成。意志高遠。重領袖慾。尚榮譽。愛好地位。財富。爲人忠貞曠達。氣節高超。洋洋乎有大才風度。理有正反。缺者必多勞碌。倘從另一方面觀。强調解釋。則慾之所在。不擇手段。以達目的。轉而成爲專制獨裁。甚而至於獷悍兇暴。亦理之常也。

○中指峯

中指顯然直大。他指有傾附之勢。而同時中指峯豐滿中正者。是謂中指峯成局。該主人之個性。應從中指峯涵義解釋。主靜默考慮。智慧先覺。追求大自然之眞理。超然從黑暗中尋思入世行爲之無聊。其爲人也。必然愼重追遠。靜默忍耐。寡言彬彬然具高士態度。倘個性加强。則未免孤寡工愁。慳吝成性。轉而成爲行爲孤僻。多愁多怨。理想悲觀。不近人情。

中指峯位置於無名指峯及食指峯之間。按食指峯主人生大慾。

而慾無止境。無名指峯具天賦才智。而人之智力有限。要無中指峯之安定勢力。居間仲裁。則舉世人類。更將智鬥力爭。敢作敢爲。不堪設想矣。

○無名指峯

無名指峯位於無名指之下。心經線之上。豐滿不偏。謂之成局。好動愛美。精進活潑。聰敏而充滿樂觀希望。隨遇而安。到處爲家。精神抖擻。見機應變。大有少年活潑氣概。倘指曲●甲短●形俗。則必定自大虛榮。奢華浪費。强調解釋。則將轉而成爲驕橫無常。窮奢極華。自作聰明。無所不爲矣。

○小指峯

小指峯在掌邊小指之下。心經線之上。峯形飽滿。小指爽直。小指指尖達無名指第一指者。爲成局富科學腦經天賦數學才能。口才伶俐。思想活潑。直覺敏銳。行動自由。讀者必須詳加考察其他標式是否有加强或減退可能。倘該手絕對屬於小指峯之主宰。則其主人翁必定能利用本人之稅利觀察。精明思想。巧妙手腕。以求達其目的。轉而成爲不顧一切。利用機會而形成一險詐不測。乏信義。寡廉恥之人矣。

○掌邊峯

69

掌邊峯位於心經線之下。掌角峯之上之掌邊。而命名。遇事沉默對付。再接再勵。固守穩進。堅持防禦。該峯是沿心經線而成。亦卽智慧線趨達之處。是乃所以示心智並用。毅力根據之所在也。其缺者。終至畏縮放棄。讀者三思。

○掌角峯

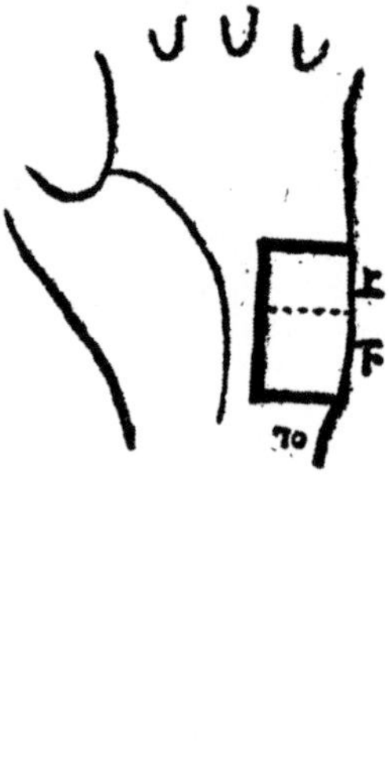

掌角峯在拇指對面之掌角。上接掌邊峯。平滿不蹈者爲成局。豐隆飽凸者爲强盛。掌角峯可分爲二部。上部屬事理推測。下部主空洞之理想。

掌角峯平滿主重策劃而富理想。留連推象。形外有影。掌角峯主人生之另一理想世界。以之演戲自能模仿眞切。入情入理。充爲作家。定必筆底生花。婉轉流利。淋漓盡致。悽惻動人。人生藝術之宗。藝術分二種。一是欣賞愛美。一是克苦修養創作。讀者必須鑑察其他部位。爲之檢別。方不致造南轅北轍之差。

掌角峯缺者少理想天才。倘掌角峯特然豐滿。同時手形長尖。智慧線直達掌角峯下半部。必定理想勝過實力。多疑少決。想入非非。立身於烏托之邦。寄情於恍惚之間。轉至神經衰弱。疑神疑鬼。的非處世良方。

掌角峯上半部滿者必定事理精明。下半部豐者。必定理想豐富。

○掌心

掌心居掌之中央。與其他掌峯均有連帶關係。掌心平滿。實力充裕。掌心低空。實力虛衰。掌心低傾生命線。主家庭麻煩。無法改善。掌心低向掌邊。是對外多遇逆境。向下是先天不足。未老先衰。傾向指下四掌峯者。是行爲之前進毅力。

(73)拇指峯高。拇指上峯顯。富熱情而具前進肝膽

(78)掌邊峯。掌角峯。低缺。畏縮而作退一步想

(75)拇指峯高。而拇指上峯缺。是一鼓作氣勢難堅持到底

(79)掌角峯滿而掌邊峯缺。是富宗教思想而乏處世才幹

(77)掌邊峯。掌角峯。豐隆飽滿。富理想而又能再接再勵

(76)中指領袖。加以掌角峯成局。理想空洞。必多悲觀愁悶

○掌紋詳解

1. 主生命力之強弱
2. 主運命之窮通
3. 主思想之母
4. 主功名之成敗
5. 主直覺
6. 主心經
7. 主婚嫁
8. 情感

○拇指紋

單紋稱𥫱是唯物

斷紋見眼是尙智

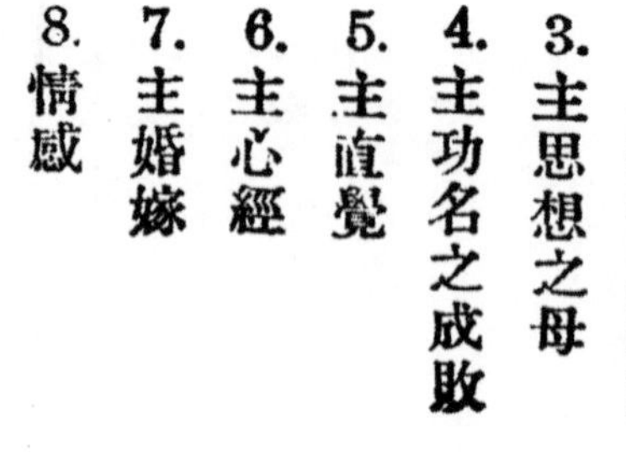

○掌紋

掌示七情六慾之眞諦。指乃執行行爲之媒介。紋主命運之成敗。紋宜淸潤。細。深。長短適度。部位得當。亂。斷。有變上落改質。見圈不利。有叉最忌。運命線操全掌掌紋之樞鈕。倘運命線佳而他紋見叉。或許可以逢兇化吉。倘運命線斷而叉亂。而同時他紋見叉見圈。必定雪上加霜。紋起某處。定有關係。紋止某峯。當致變化。讀者必須熟悉每個掌峯之個性。指形之區別。掌紋雖參總復雜。實尤南針之指迷。歷歷在目。紋有淺。暗。淡。曲。定有意義。紋中見點。亦有緣果。讀者注意。至於散紋。直紋。橫紋。奇紋。爲求讀者便利起見。另章別論。

按掌紋八條如圖。其中最普通而又最主要者有五條。（一）生命線。（二）運命線。（三）智慧線。（四）心經線。（五）婚嫁線。其他三線最少發見。見則照斷。缺亦無礙。主紋五條。最爲重要。大多齊全。然造化萬能。人力有限。有時因部位關係。似有而實無。似缺而實有。讀者必須詳加研究。酌下斷語。譬如運命線全缺。豈必終身無運。生命線缺。卽云生而夭亡。更是笑談。要知掌峯手形。掌紋。三位一體。二而一・一而二・陰陽一體。道終於一。由一而變。千變萬化。千頭萬緒。全仗讀者之能心領神會。虛心探討。切忌武斷。最最重要。總之掌之有紋。尤木之有理。自然界之顯示。寓有眞理。天理無虛僞。非僅茶餘酒後談相作樂而已。

○生命線

生命線主一生之健康。健康是事業之前提。婚嫁之基楚。對於他紋之窮通壽夭。生命線實具有其基本因素。讀者注意。

(132)生命線窄．是自吾拘謹．而尚保守．『即形成拇指峯小也』

(133)『拇指峯寬大．』生命線寬大．是熱情前進．而成業他鄉．如見圈形．必定終身奔波．桃花

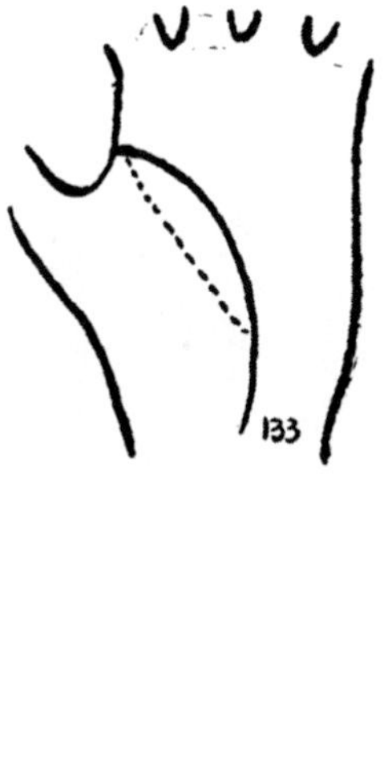

手相學淺說

（134）生命線中途見鈎。必死無疑。如見赤點。定遭險症

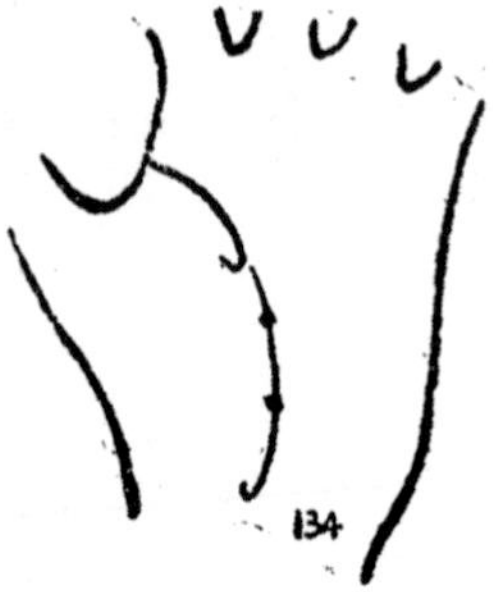

（135）生命線枝紋直指掌角峯。必多旅行。生命線終止掌角峯是壽終客地

○運命線

拇指是四指之領袖。運命線操掌紋之總鈕。命運通。雖病不死。運命線不通。事敗垂成。讀者切不可單憑一紋•一峯•之豐虧而武斷成敗。失之毫髮。去之千里矣。總之。一生成敗。變遷。均應以運命線作主幹之推測。

(136)平均推派年齡•可求(生命線)

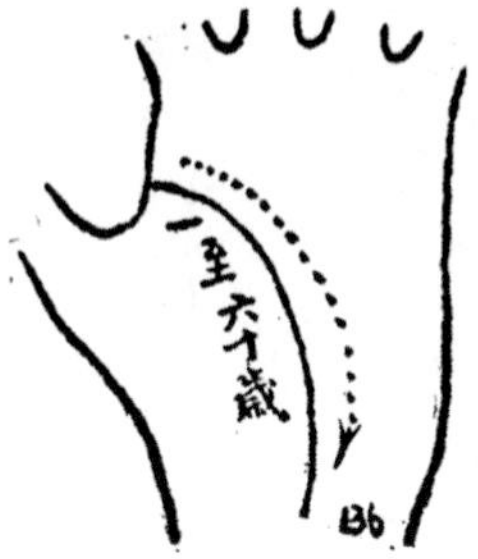

(137)酌情度理•略有升縮
(運命線之年齡表)

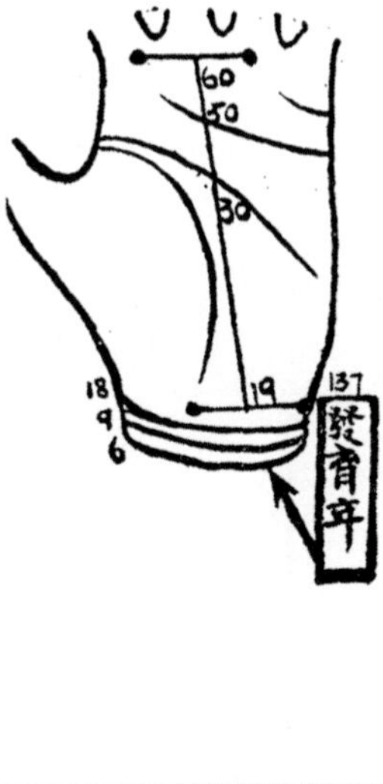

『常人以爲掌紋因握拳而成。完全合乎物理條例。試觀運命線直貫掌中。足見另有意義。非單憑物理可解也。』

(138)運命線起自手腕．直上中指峯．同時成名．紋現．必是顯要

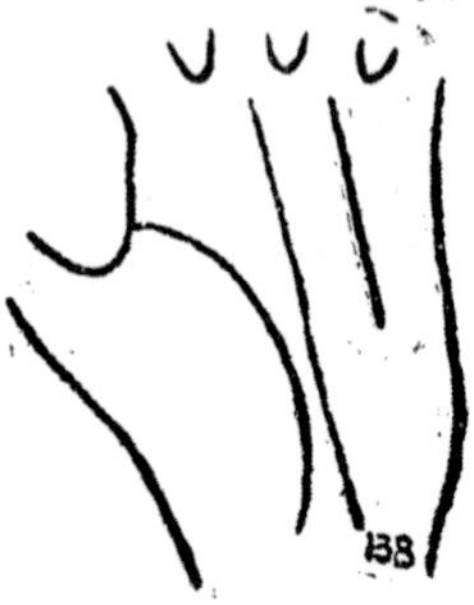

(139)運命線起自拇指峯．是祖基可靠．幼年逍遙

(140)運命線起自掌角峯．是自創自立（並主異性關係）（詳婚嫁紋）

(141)運命線起自生命線．還因自己之奮鬥而成功．老年榮華

(142)運命線指向食指峯，財自天來

(143)細紋附旁，是貴人相逢

(144)運命線止於智慧線，是因本人之過失，事業失敗

(145)運命線中途發現，交運必遲

(146)運命線逼近生命線、事非得意。遠離部位。爲人作嫁

(147)運命線端見叉必遭橫死、橫紋止於拇指上峯、小人坐命

(148)運命線斷續不清。事業更動。竹節行運。有紋越過。是錯過機會

(149)運命線起自智慧線。是倘本人之奮鬥。不信命運之支配。再接再勵。到底成功

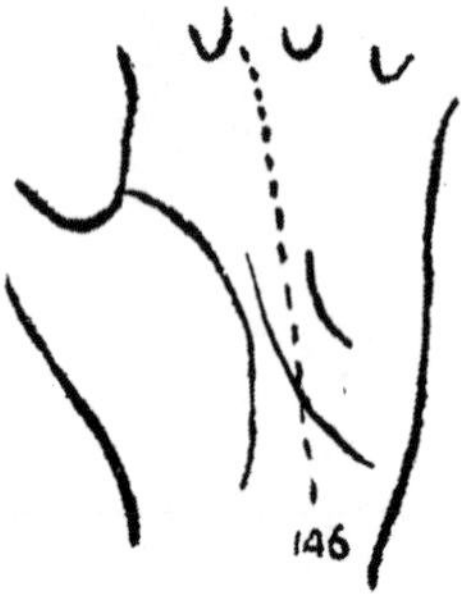

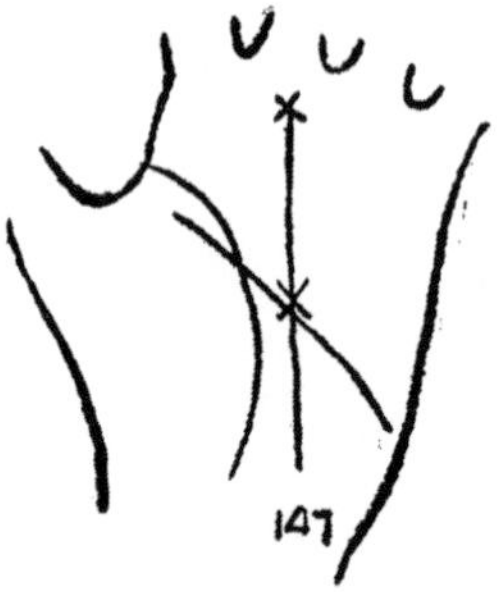

○智慧線

人而無腦無異禽獸。腦是智慧之總府。思想精幹。處世自能比較應付裕如。思想遲頓。難免顧此失彼。其與命運之得失。實猶影之隨形。讀者幸勿忽視。智慧線絕對顯示本人之智能。

(151)明。潤。細。深。長短合度。部位正確。是謂正

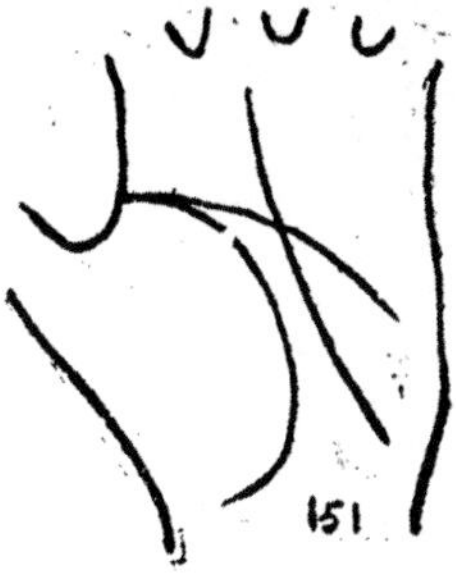

(152)起自拇指上峯。必定神經過敏。好爭易怒

(153)起處遠離生命線。是知識早開。思想超然清高

智慧線

以上三圖是起點之大概。至其差別程度。千變萬化。全仗閱者之觀察正確。推算得當。智慧線之重要性。大部在其止點及其本質。

(154)智慧線短。意志簡單。隨便

(155)智慧線短而向上灣。一了百了。有始無終

(156)智慧線直達掌邊。意志堅強。決斷固執

(157)智慧線長。趨向掌角峯。是精細而多空洞理想

○智慧線終止點解釋

(162)

不求詳解	A
意志堅強	B
事理見解	C
精　　細	D
想入非非	E

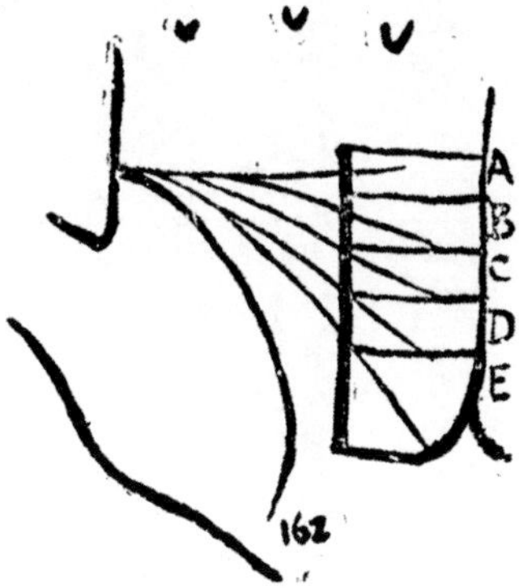

(160) 智慧線直落手腕。是有超塵出俗之念

(161) 智慧線成雙。有倍人智力

(163) 年齡表

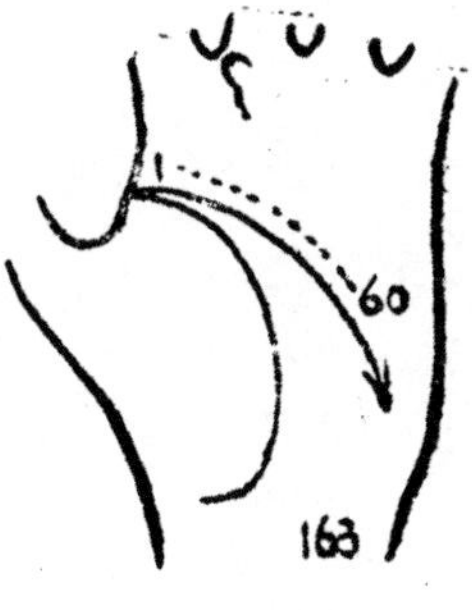

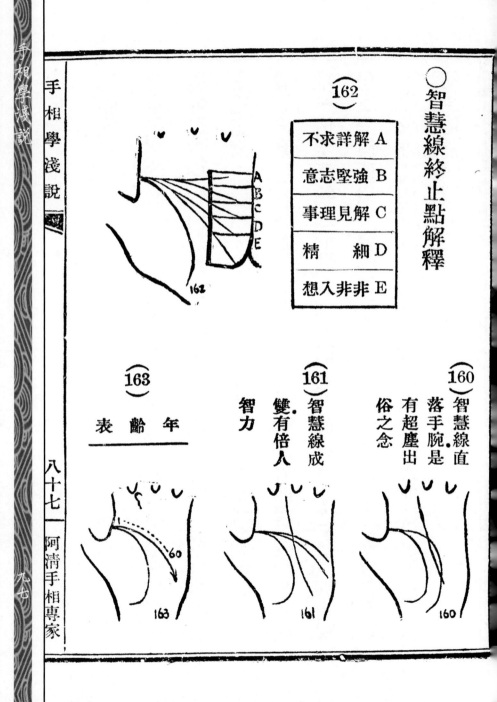

○心經線

生命線主肉體之强弱。心經線主心地之盈虧。一屬生理物質。一屬性靈哲學。骨肉是實。愛憎是虛。有質無靈。是謂走屍。有靈無質。是謂鬼魔。二者相應•是謂人。惟靈性空洞無質。最難解釋。配於質體。謂之實慾唯物。論及心經。是謂情•愛•悲•歡。大而言之。覆載之間。唯一情字。萬物之形骸。各個不同。其形成於浩然之氣者。則一喜怒哀樂。原所以形容心經之狀態。以之論及人生之凶吉休咎。勢不能脫離其他所以然之原動力。是心經線與他紋質關係之密切。無待贅述。讀者三思之。

(164)心經線直達食指峯。是明朗忠貞。高超

(166)心經線止於生命線。是所愛非人。或愛人死亡

(167)心經線止於中指峯。是自私多忌

(165)心經線中途直趨拇指峯。是必遭親喪

(168)心經線與智慧線遠離。是坦然成性。自吾鎮定。臨大事而不亂

(169)心經線與智慧線逼近。是心急無疑

168

169

(170)智慧線起自中途。而又遠離心經線。是獨斷獨行。不求詳解

(171)智慧線短。而上指心經線。同時遠離心經線。是自得其樂。最防酗酒。每少信用

170

171

(172)心經線與智慧線二紋並行成斷掌。是悶心自裁。愛之欲其生。恨之欲其死。中年事業可望

(173)智慧線前段近心經線。中途直落掌角峯。是多疑少決。失眠無疑。爲人神經質

(174)智慧線遠離心經線。中途上升直指掌邊。必多刺激而患癲瘋

(175)心經線忽現雙紋。心境美滿。心經線下指智慧線。是雖能理智克服情感。是不如意事常八九

(176)心經線斷亂如練。心境難佳

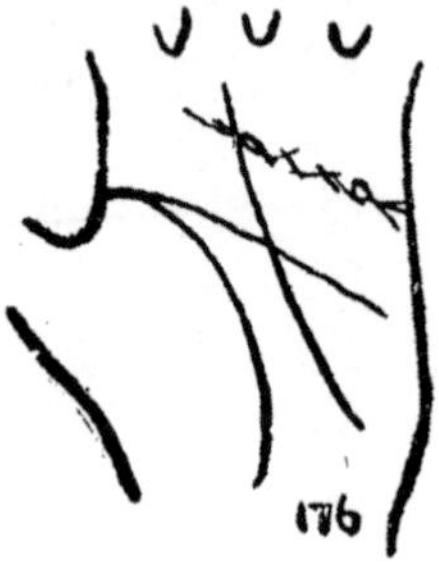

(177)智慧線近心經線而短。必定虎頭蛇尾

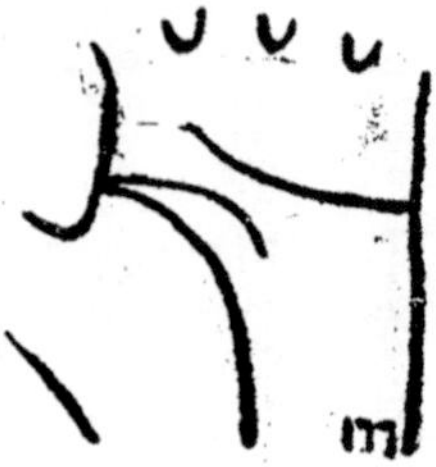

(178)心經線多缺點。而與智慧線近。加以拇指小。是多感情用事。遠心之言。脫口而出。如何積得錢財

(179)心經線遠離智慧線而直達掌邊。是城府曠達。獨裁獨斷。胸有成竹。大才大用

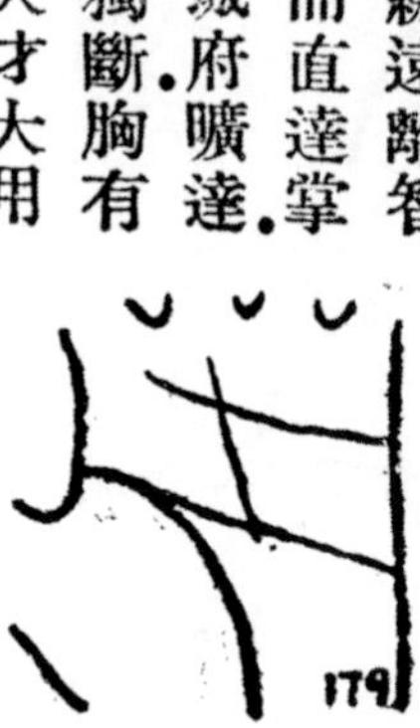

（182）運命線成波形是漂蕩不定。終身竹節行運

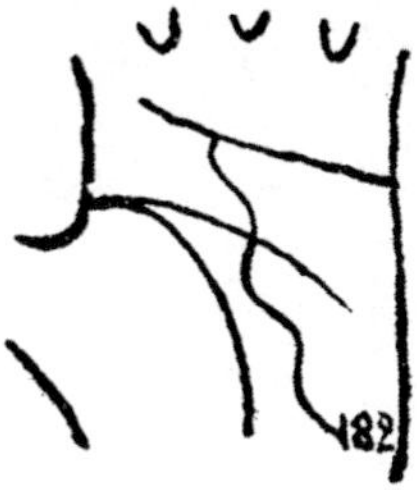

（183）智慧線缺。糊塗終身

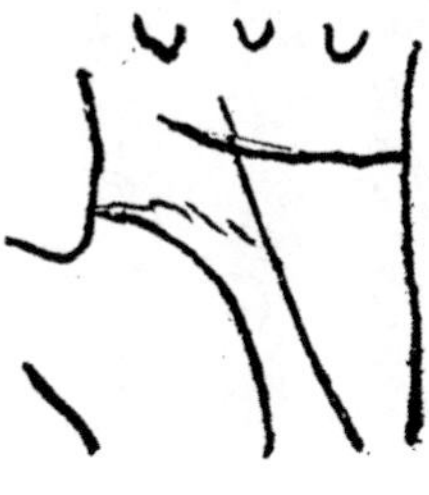

（184）心經線缺。孤僻成性。感情冷淡

（185）運命線缺。必多奮鬥。獨見成名線。是名重利輕

○婚嫁線

婚嫁線。主人生婚嫁大事。婚姻本身。最關心經。同時與命運亦有密切關係。命運不佳。婚姻難得如意。婚姻失敗。心經決不平安。所以談婚嫁線。必先顧及其他標識紋線。著者將逐步解釋。茲先將婚嫁線本身部位。加以說明。婚嫁線平行在心經線之上。小指之下。有時僅及掌邊。有時長過小指峯。婚嫁線有時多至三四條。並非主三四次之婚嫁。其淺淡不明者不計。取其明顯者爲主。有直紋附婚姻線者。主子女。長而明者主子。短而淡者屬女。一長一短。是一男一女。二長三短是二男三女。同時注意本身有無缺點。見叉見亂。生而不育。淡暗不明。是有等於無。直紋在後。得子必遲。

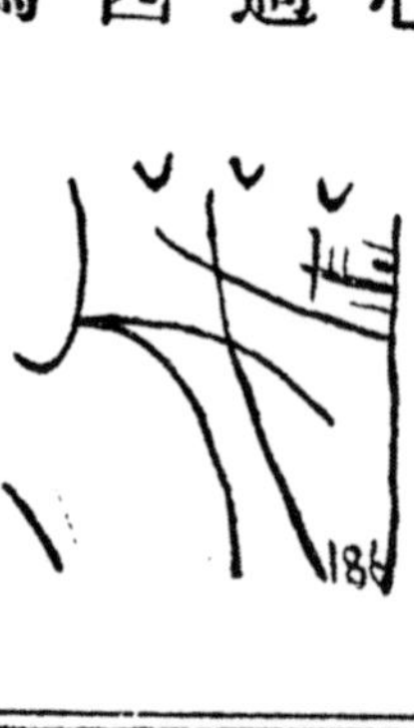

(187)婚嫁線起止方向

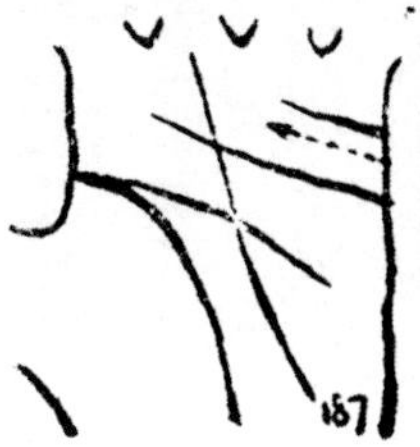

(189)婚嫁線中途見圈．是必見口舌．倘紋止於圈．難期白頭．圈後紋清是破鏡重圓

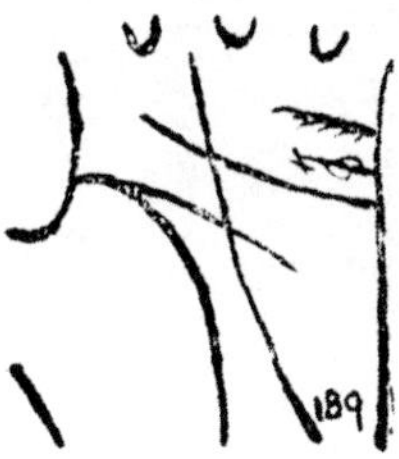

(188)婚嫁線有叉紋下落．是因伴侶之身體孱弱多病．難得美滿

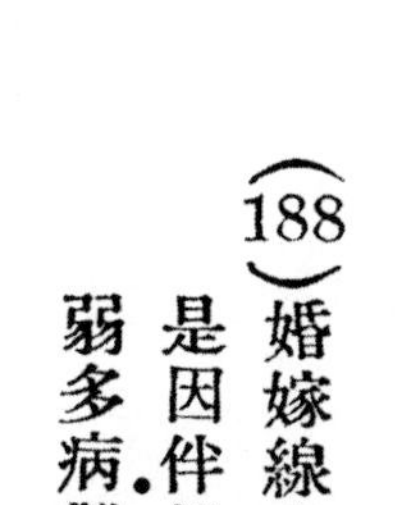

(190)婚嫁線終成叉開．是因口舌而分離．婚嫁線成波形．一生婚姻是水月鏡花．見叉是雪上加霜．婚嫁線不現．是性情淡漠．婚嫁不期

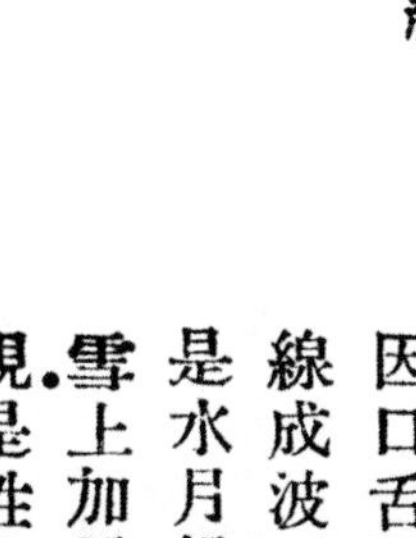

(191)婚嫁線上鈎入小指是配偶必死。婚嫁線下灣穿過心經線。難期白頭

(192)婚嫁線上近小指。是婚姻可早。婚嫁線下近心經線。遲婚爲宜

(193)小指峯地位窄小。子女必少

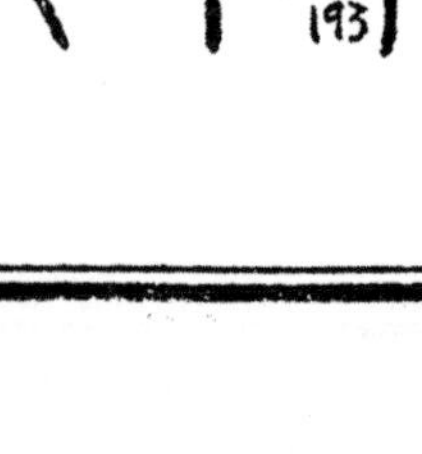

(194)小指峯寬闊。直紋雖少。兒女成羣

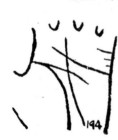

(195) 婚嫁線見叉．質變．同時心經線斷．亂．叉．散．婚姻不協．過失回向本身求．

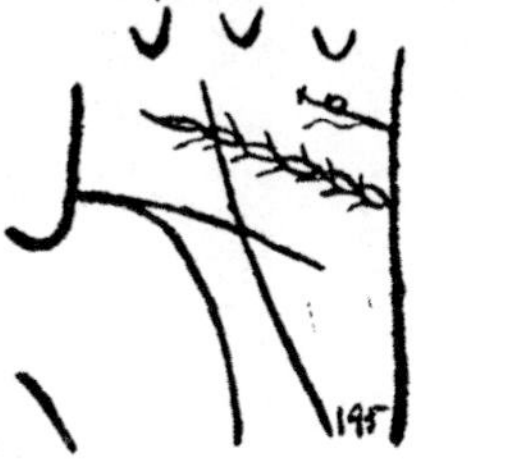

(196) 細紋橫接於拇指峯．婚嫁線之間．婚姻必因第三者之阻擾而時生波折．時間照穿過運命線處斷．

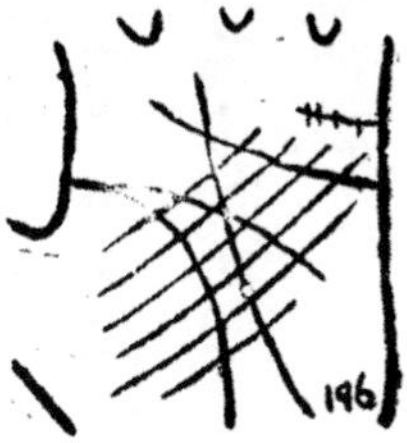

(198) 婚嫁線下落穿過運命線．同時心經線斷．運命線斷續不清．必定早年喪偶．

(199) 婚嫁線下近心經線．同時運命線前段叉．圈．亂．斷．是早婚不利．後段紋清．同時顯現成名線．是因遲婚而青雲直上．

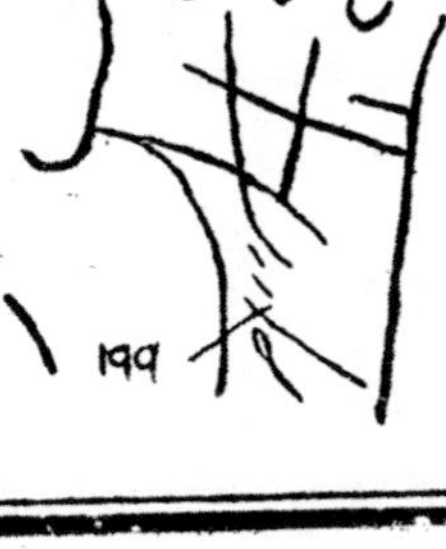

(201) 婚嫁線乂開．同時拇指峯豐滿見網紋．是情愛不專．

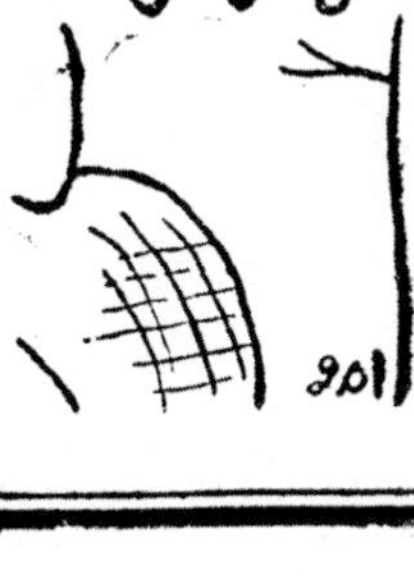

手相學淺說

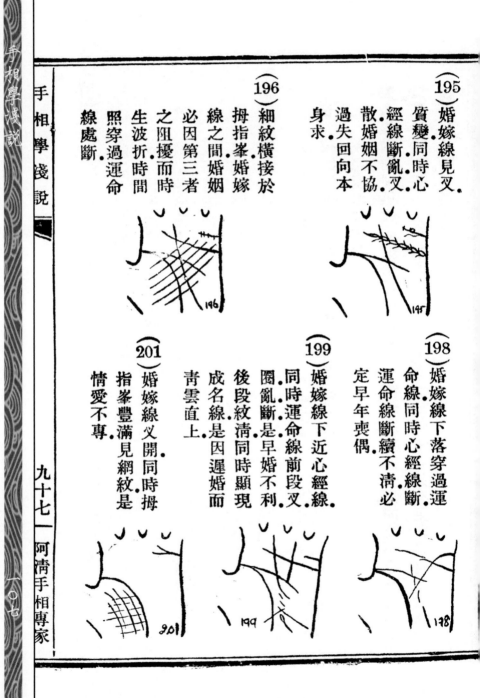

(197)有紋起自掌邊。趨向運命線部位。是異性入命本身喜星動之現象。

1 紋將近運命線。同時有紋起自拇指峯相交成叉。是因家屬之阻擋婚姻難成。

2 紋沿運命線上行。而未達部位。是心目之中有此人而終成泡影。

3 起處見圈。而終浸入運命線直上。是困難在前。終成眷屬。

4 紋穿運命線而過。是事敗垂成。

5 紋穿過運命線。而又見圈。是豈但婚姻不成。反成怨家。出事年齡。根據運命線解。

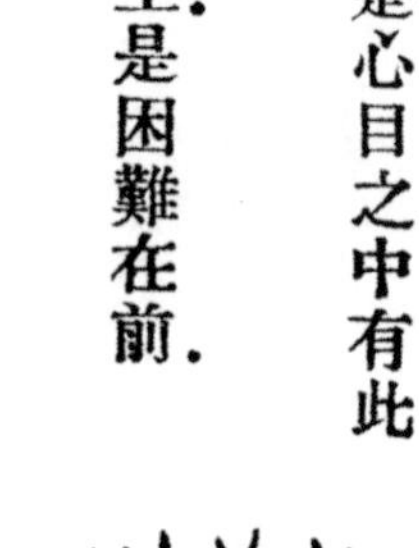

運命線猶稱梗。婚嫁線似稱硾。必得彼此相稱相應。方能美滿。同時不忘社會之現狀。個性之智愚。一是外來之搏束。一是內心之準範。譬如呆有呆福。多情反被多情誤。諸是此類。讀者注意。

○三條少見之紋

(128)直覺紋現。是料事如神。『近智』

(129)成名線現。是事半功倍。『近貴』

(130)金星紋現。是多情。善愁而帶感慨『重情』

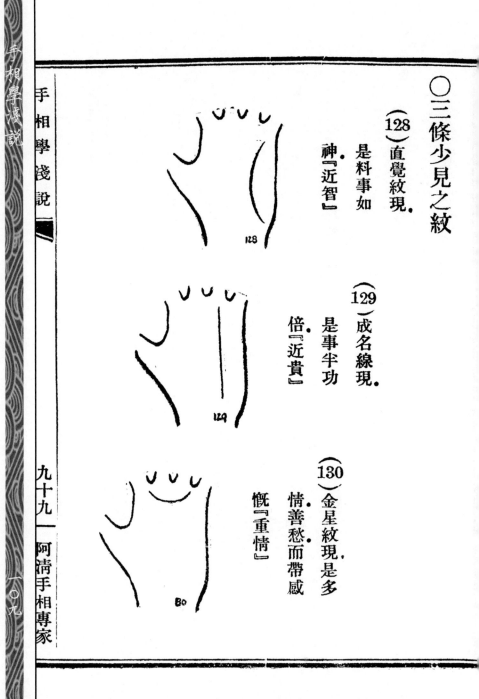

○腕紋

(200)腕紋三條在掌底手腕

1　主福　健康子息．『紋凸向掌少子』

2　主祿　功名財富．

3　主壽　壽．

三紋分明．必主大壽

○缺點

生命線中斷。肉體見災。有點。似流水之暫停。

運命線見叉。必見擋駕。見圈。是人事爭執。斷。是出軌。

智慧線灣曲成波形。是意志恍惚不定。直紋橫斷是記憶薄弱。

心經線斷而亂。是因心經事而心如刀割。

婚嫁線見叉是夫婦志趣難協。

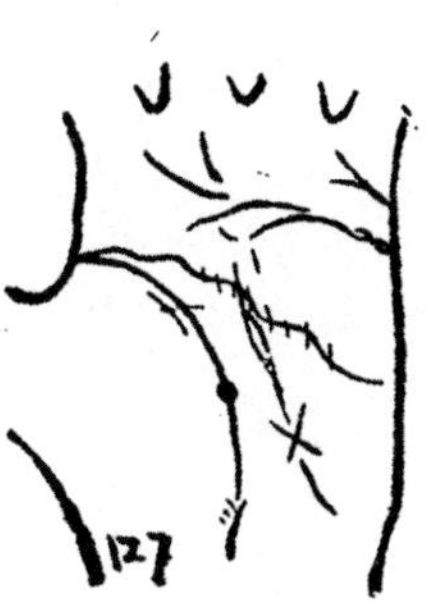

『敗在某紋主某紋性質之事態。同時詳察他處有無補救紋線。抑或有加重可能。』缺點隨處發現。非專指某紋也。

○深淺紋

紋質不均。粗觀似亦明潤。無斷。但細加檢察。卽能發現。該紋本身。時深時淺。一部份似甚深明。而另一部份。則比較粗淺。其深明部份乃屬正常時期。及至粗淺是衰退部份。其變遷。强盛。減退。年齡。可參照年齡圖識而斷。深淺紋並不主定某紋。

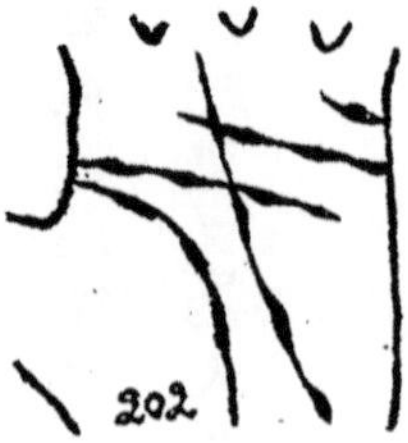

各紋均能隨時發現。倘於某紋發現。則照某紋之本質解。依此類推可也。

要知世上無完人。切忌武斷。

○枝紋

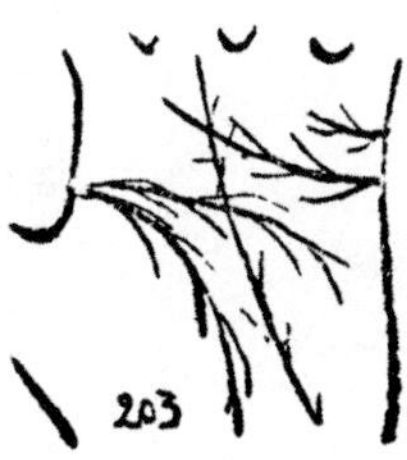

細紋由主紋上枝出。是主生活上之變遷。枝紋有時甚長。是變遷比較顯著。短者次之。有時枝紋由主紋枝出趨向某掌峯。或某紋。則其變遷之性質。應從某掌峯或紋之性質解。人生變遷無窮。閱者倘能細心究察。則某年發生某事。與其性質分別。均克應付裕如。

○圈紋

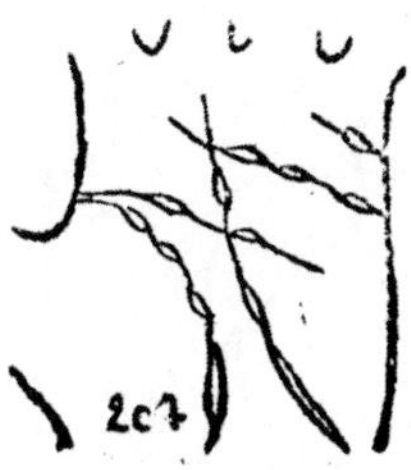

紋上見圈。均主不利。圈長是逆運時期必長。圈短次之。紋上見圈之處。卽出事之年齡時期。性質可照紋質解。至圈終止而紋見如常。是恢復正常之意。倘圈後紋亂。紋斷。是足見逆運之嚴重。暫時不能恢復常態也。

○斷紋

斷紋最易發現。均主不利。有時斷處距離甚遠。是主性質之嚴重。倘一紋將止。新紋接現。或有另紋附旁。此較無礙。斷處成鉤。最是危險。斷在生命線。是肉體危險。斷在運命線。是事業失敗。

○方紋

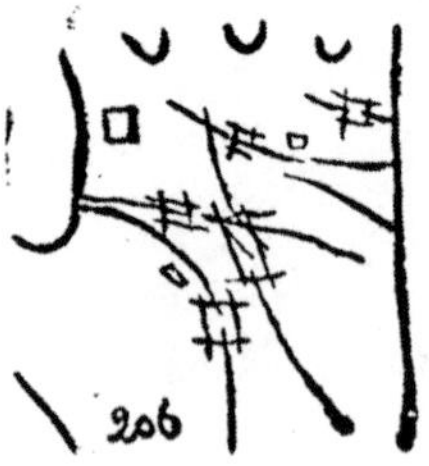

有時於斷紋之處。有方紋圍繞。是雖遇危險。仍能逢兇化吉。方紋見於掌峯。亦主晚年安閒。倘獨現食指峯上。財富可保。方紋見於拇指峯近生命線。主有牢獄之災。

○掃帚紋

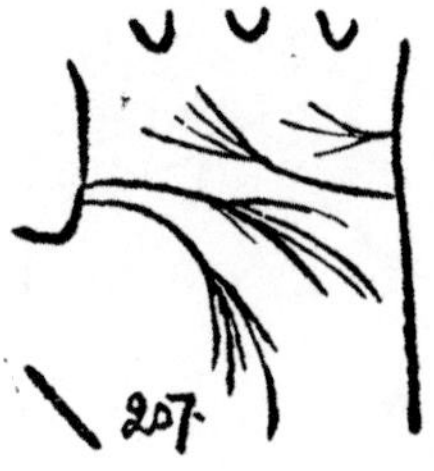

在生命紋及運命線之盡處。往往見散紋形如掃帚。是衰弱之表現。其開始年齡。可照顯現處算。並從此無恢復之象矣。

○點

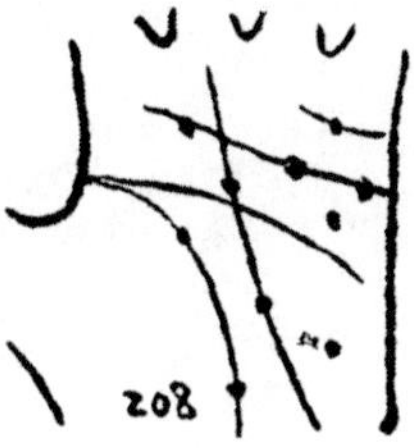

紋上見點。是停頓之象。見在某紋。主屬某紋之性質。倘點在生命線。是肉體小病。在運命線是事業受挫。點現紅色。主是急性。紅點見於掌峯。主財源流通。有時點極微小。雖然性質輕微。亦宜注意。

○斷練紋

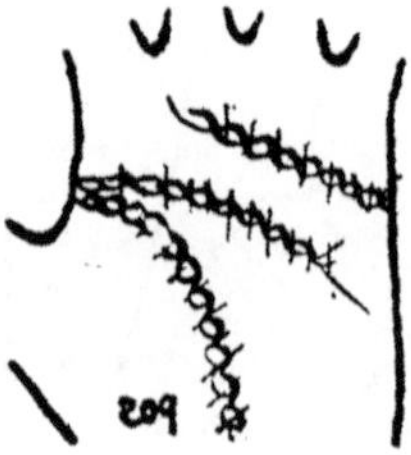

斷練紋是細紋接連而成。倘心經線斷續如練。心經必亂。倘智慧線斷續如練。必定意志渙散。時危頭痛。依此類推。同時再見細紋橫斷。更主事實上之嚴重性。

○網紋

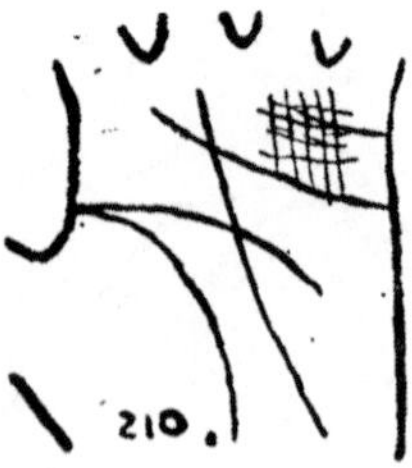

網紋見於不論紋邊或掌峯上。均主減退所在處之本質。倘見於無名指峯。更主反復無常。弄巧成拙。

○奇紋

奇紋有圓圈。三角。剪形。方形。直豎。之分。其單獨顯現。而並非因他紋線相叉而形成者。謂奇紋。奇紋並不多見。遇有發現。必須愼重審察。統觀手形。掌紋。屬於何類。奇紋見於何處。以求其出衆之才幹。屬於何種性質。

奇紋見於掌峯。或指上。均屬錦上添花。大好標式。

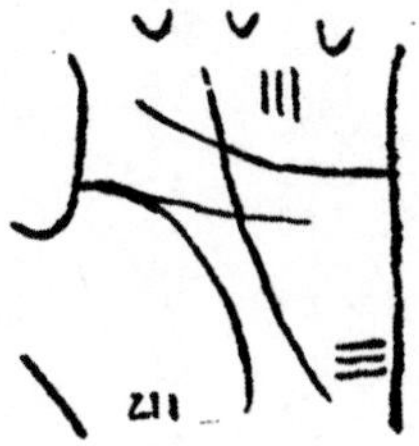

掌紋除主要之紋外。均以直紋爲上。橫紋爲下。直紋有順進之意。橫紋取橫斷之義。倘直紋見於無名指峯。必定智力倍人。並多科學成就。倘橫紋見於掌角峯。必定意志多阻。出門不利。豎紋以一條爲上。二條次之。三條不奇。多則不計。

奇紋見於虎口。主襲世榮華。富貴罔替。

○相手法

談手相必觀雙手。左手屬先天。是父母祖基所付予。右手屬後天。是顯示本人之行爲。修養。倘左手勝於右手。是先天基礎雖好。未免不克發揚光大。右手勝於左手。則後天人事行爲得當。創事立業。大有進步。先觀察其手形屬於何類。形質如何。拇指是否夠力。指節之長短。甲之大小。掌峯是否缺低。豐隆。缺點何在。一一觀察周詳。然後察其掌紋部位。是否得當。是否明。潤。細。深。抑或散。淺。橫。斷。長短如何。起點何處。終止何峯。何處見點。見斷。深在何處。叉之方向。平心靜氣。廢棄成見。逐步推敲。則此人之體質。意志。性情。特點。及其一生之運命窮通。皆歷歷顯示在其掌握之中矣。

依著者歷久經驗。欲根據掌紋以測其當時之年齡。實不可能。最好先問被看者之年齡幾何。『雖亦未必可靠。』使看者對於其過去。現在。未來。略具界限。先談性情習慣。然後詳述過去之陳跡。現在之境象。以及未來之期望。妻財子祿。窮通壽夭。至其窮通之年月日期。雖亦明示掌中。其實每有一年半載之出入。切不可故弄技巧。危言聳聽。肯定某月某日。以博聽聞。要知貿然武斷。最易失去信心。往往竟有能確定某月某日者。則只好證之高明。實非

本書之旨。讀者注意。

本書所述。均屬著者經驗所得。而可確能證實者。雖類多淺膚之見。較之日常所見。何至萬千。滄海一粟。舉一失萬。要知登高自卑。

由近達遠。使讀者粗具基本信念。不妨於親朋之間。茶餘酒後。隨時試驗。必能增加無窮興趣。其實眼前人海。更是一部活書。本篇不過略具參考於萬一而已。

百聞不如一見。讀書但求明理。相手之術。最尙實地經驗。倘能隨時隨地。實習於親朋之中。則日積月累。見識自能廣達。應付方克裕如。切宜愼重將事。考慮周密。興趣既濃。信念方能逐步確立。非一朝一夕之功也。

鑑別手形全仗經驗。掌紋細微複雜。故看手時。最宜用顯微鏡。始可減少不必要之錯解誤會。

○觀手相必察雙手

（158）生命線左手見破．而右手好．是因後天人事之補救而遇難成祥．

運命線右手好．是逢兇化吉．智慧線左手長趨掌角峯．右手平直．是考慮在前、決斷在後．亦主早年多理想．晚年尙實際．

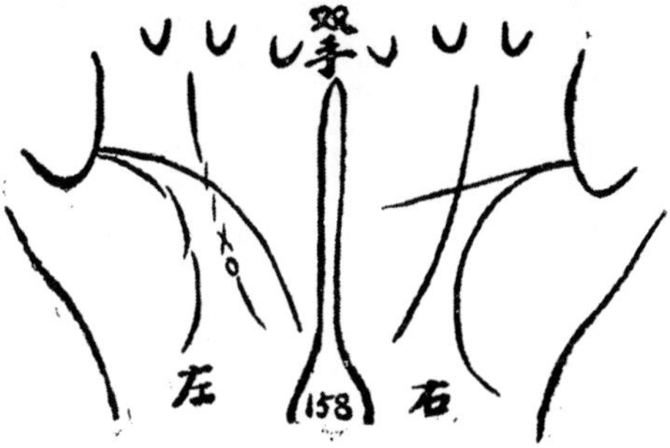

（159）生命線雙手均破．必遇險象．

運命線右手不好．敗業是自己造成．智慧線左手短．右手趨向掌角峯．是馬虎在前．後悔無窮．亦主早年糊塗．晚年多策劃．

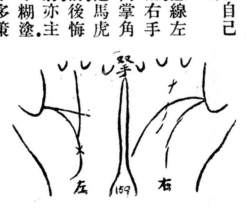

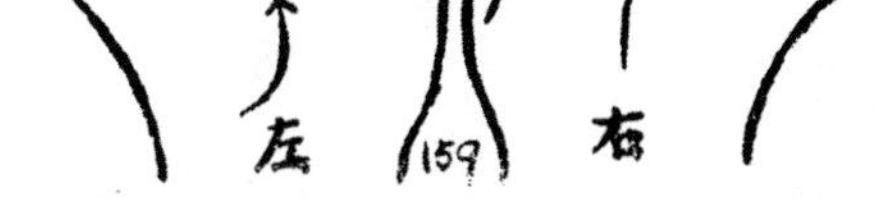

○實習研究

△服毒女性【例一】

思想是行爲之母

【事實】

死者女性。服多量毒汁而自盡。臨死之前。將一切物證線索完全消滅。遺款百五十元。但言妥爲喪葬。並無其他任何遺言。死者又無人認領。故其在生歷史無從知悉。今就左圖設法明瞭其致死之可能性。

【手批】

掌內肌肉肥腫帶呆。足見生前精神方面已別具用意。視肉體如敝履。無愛惜之意。手形帶長。人極聰敏。手指長而無節。性情靈敏。天份尤高。指頭靈肉凸出。感覺更敏捷異常。拇指甚大。自尊心大。

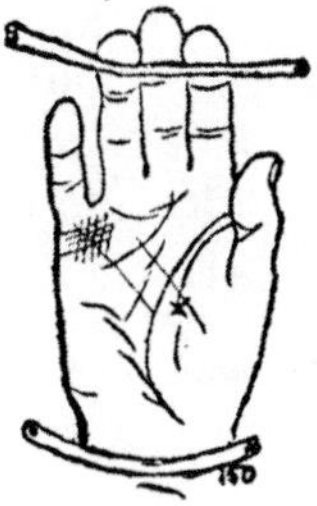

掌之下部浮肉豐肥。理想可以想入非非。有紋起於食指中指之間而止於無名指。每易理想固執與世情格格不入。全部掌邊甚厚。理想勝過理智。智慧線離開本來地位竟沿生命線並行。無處世任怨任苦膽力。骨局秀麗。必是情種。稍不如意。便能怨氣冲天。到處感覺世情險詐。無法解脫。自是處世弱者。生命線中途遽爾中斷。是暴卒之象。年齡約在三十五。八之間。

△劇盜死因【例二】

推情度理。所以斷命運之窮通。

【事實】

劇盜某。犯殺人越貨案達二十餘起。被擒後執行死刑。茲將因果推述於左。

【手批】

全部手形粗硬。思想幼稚。骨氣堅實。性情剛强。

拇指彈性全無。外表呆板。內勁不足。剛愎有餘。待人不足。拇指第一節短而帶尖。第二節壯實而長。腦筋簡單。唯物欲甚强。有吾無人。缺少人類合羣博愛成份。

四指式樣各各不同。意志散漫。出爾反爾。

食指壯大挺然直立。「注意智慧線特別短」腦經既極幼稚。於是一切堅强意志均以本人之直接慾望爲前提。敢行敢爲。無非損人利己。

中指曲而無力。自主能力缺乏。並有傾附食指之勢。是豈但無深謀遠慮。「察智慧線」卽一切理想均以本人之慾望爲依歸。

中指無名指間距離較寬。有今朝有酒今朝醉思想。

小指遠離無名指。是思想獨立。小指帶曲。意志複雜。

因全部手形掌紋之粗魯。無婉轉入情理智發揮能力。於是一切行爲均出之於粗魯方式。掌角峯低陷。毫無理想。生命線中途隱沒。是有中途死亡之險。同時生命線隱處有紋自掌底而直上。將智慧線割斷。是腦經有忽然傷亡之象。心經線智慧線距離甚近。心急易怒。智慧線短。作事無考慮能力。盡處有打結之短紋參差。

加以有紋橫斷。是必遭橫死無疑。

△權貴掌紋【例三】

本書原爲學理之研究。個人姓名。似非所宜。故從略。

【手批】

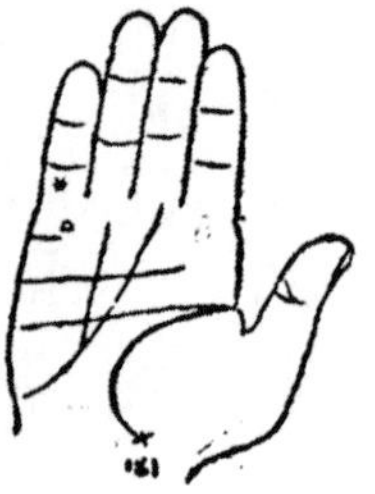

左圖爲某權貴之手。手形見方。辦事有一定方式。指頭笨圓。非但口到手到。並且實事求是。四指並均。意想周到。手形略握。腦有成竹。拇指落下。城府曠達。拇指離掌挺然獨立。領袖人才。拇指峯寬闊豐隆。同情博愛。最喜羣衆生活。維恐血壓過高。心經線直達食指。足見魄力雄偉。意之所在。可以戰勝一切困難。智慧線形成直線。並且直達掌邊。意志精誠專一。決斷力極强。命運線起自掌角峯。命運得因理想而實現。成名線起自命運線直達無名指下掌峯。將來名譽必佳。最堪注意者。小指下掌峯甚高。並見★形紋線。足見一切內心能力。均能如意發揮。

△另一服毒女性【例四】

> 掌紋手形。涵有眞理。萬世不變。惟人事之凶吉休咎。乃屬後果。是因人不同。因地而異。個人性格。果已明示掌中。社會制度風俗狀况。亦有密切關係。讀者必須具有確切認識也。

【事實】

年二十五六歲。以舊禮沖喜之故事而成禮。結婚之後。夫患肺病。已至絕期。燕爾之好。成泡影。出身大族。最重禮教。因而服毒自盡。此民國二十八年一月間事也。

【手批】

全手骨局秀麗。必是情種。手形帶長。人極聰敏。第一指節長。是天份甚高。四指緊靠。遇事悶心自裁。最易鬱火中藏。小指短小。骨氣帶堅。是豈但固執。並缺發揮能力。第三指節肌肉緊秀。意志高尚。少物慾。最愛名譽。心經線如練。婚姻線旁。滿佈亂紋。是豈但心經不暢。談起婚姻問題。更覺從何說起。智慧線短。是意志簡單。加以智慧線後段成叉形。其一趨向心經線。是因心經事。最易一悶到底。少逐步料理推想之天才。在二十五．六歲時。有紋起自掌邊。趨向運命線。是有結婚之可能。惟茲後命運線竟絕然中斷。婚姻應屬喜事。雖幸福之路。或有久暫。此手則有結婚卽入愁城之象。其實三五年後。命運線卽能轉佳。似有再度之幸福。依照上述。原有其自盡之可能。而無必死之象。今竟一鼓作氣。恨成終天。社會組織之現狀。實具有密切之關係也。

○古手相術語

考諸歷史。手相學乃吾國發明。惜年代久遠。失散少傳。無從稽考。使有志學習者。無法考證。茲錄相傳關於手相之評語。直書於右。語多精警。涵有至理。足見手相術。自有其不變之原理。古今一例。讀者詳加參照。心領神會。則更能發生興趣。

掌有金井。定見端揆之才。手俗掌粗。困苦之輩。

大指獨小。猶恐出身微賤。五指偏長。須知在室孤刑。

八卦不隆．志雖高還居陋巷．
食指偏斜．縱有功名而奔走．
人清手濁．縱有貲財而夭年．
手濁．指粗．掌黃．骨硬．功名莫問．
生來惡形．手定硬．禿．黃．濁．

四沼俱漏．眼前好終落窮途．
人濁手清．尙多藝術而延壽．
形苦身累．實乃龍弱虎強．
得成奇相．指必清．秀．端．平．

民國三十四年乙酉夏初版

黃龍著述